Meron Mendel
Über Israel reden

Meron Mendel
Über Israel reden

Eine deutsche Debatte

Kiepenheuer & Witsch

Inhalt

Prolog

Meine erste Kindheitserinnerung ist aus dem Sommer 1982. Als ich aus dem Kindergarten nach Hause kam, stand mein Vater vor unserer Haustür, in Soldatenuniform und mit einem schweren Seesack über der Schulter. Wir verabschiedeten uns hastig, da er als Reservist schnellstmöglich zu seiner Armeeeinheit fahren musste: von unserem Kibbuz in der Negevwüste, ganz im Süden Israels, hoch in den Norden an die libanesische Grenze, die nun eine Front war. Der erste Libanonkrieg war ausgebrochen. Damals sprach man jedoch weder von »Krieg« noch davon, dass er der erste in einer Reihe sein könnte. Uns Angehörigen wurde erklärt, es gehe lediglich um eine kurze militärische Operation mit dem beruhigenden Namen »Frieden für Galiläa«.

Wenige Monate später wurde die »Operation« in »Krieg« umbenannt. Mein Vater kehrte zwar schon nach einigen Wochen zurück, die israelische Armee aber blieb fast 20 Jahre. 1995 wurde ich selbst zum Wehrdienst einberufen und als Infanteriesoldat in den Libanon geschickt. Ich war an einem Militärstützpunkt in der Stadt Mardsch Uyun stationiert, von der mir mein Vater schon erzählt hatte.

Warum ich das erzähle? Es liegt auf der Hand, dass mein Blick auf Israel und den Nahostkonflikt stark biografisch geprägt ist – obwohl ich nun schon seit mehr als zwei Jahrzehnten in Deutschland lebe, wo auch meine Kinder geboren sind.

Mein Alltag als Kind und Jugendlicher war kaum von der Politik beeinflusst. Oder genauer gesagt: Die militärischen Konflikte mit den Palästinensern und den israelischen Nachbarstaaten waren so stark in unserem Alltag verankert, dass wir sie kaum bemerkt haben. Unser Kibbuz in der Wüste war auf allen Seiten von Truppenübungsplätzen umgeben. Kampfjets und Militärhubschrauber flogen in virtuosen Manövern täglich über unsere Köpfe hinweg. Der Sound von Panzermotoren und Artilleriesalven war uns so vertraut, dass wir ihn gar nicht mehr wahrnahmen. Auf unseren Spaziergängen über karge Hügel sammelten wir alte Munition, die wir als Blumentöpfe oder einfach als Dekoration benutzten. Auch die Gasmasken, die wir Anfang der 90er-Jahre während des Zweiten Golfkriegs zum Schutz vor den Scud-Raketen aus dem Irak bekamen, haben wir umfunktioniert: als Atemschutz beim Lackieren von Bettgestellen oder als lustige Kostüme an Purim, dem jüdischen Freudenfest, das so ähnlich gefeiert wird wie Karneval.

Zu Hause im Kibbuz hielten wir uns für links, tolerant und weltoffen. Die Lebensrealität war aber wenig bunt: Hier lebten nur Juden – und so ist es bis heute. Arabern begegneten wir nur, wenn wir in die Zelte der benachbarten Beduinen eingeladen waren. Ansonsten kannten wir sie vor allem aus den Fernsehnachrichten über militärische Konflikte an den israelischen Grenzen. In der Theorie wollten wir alle in Frieden mit den Arabern leben, aber als tatsächlich eine arabische Familie in unseren Kibbuz ziehen wollte, stand ihre Aufnahme nicht einmal zur Debatte.

Die Geschichte des Anderen ertragen

In meiner Jugend wurde der Nahostkonflikt zur treibenden Kraft meiner Politisierung. Leider hatten meine Freunde im Kibbuz kaum Interesse an Politik, aber nach der achten Klasse wechselte ich auf ein Gymnasium in der Stadt. Mein Schulweg mit dem Bus war nun sehr lang (anderthalb Stunden hin, anderthalb Stunden zurück), aber ich fand dort Freunde, die sich so sehr für Politik interessierten wie ich. Die Eltern einiger Mitschüler hatten Ende der 70er-Jahre die Bewegung »Peace Now« mitbegründet. Meine neuen Freunde gehörten zur zweiten Generation Friedensaktivisten.

Damals haben wir viel gelesen und diskutiert, unter anderem »Der geteilte Israeli« von David Grossmann.[1] Für sein Buch hatte der Schriftsteller Palästinenser begleitet, die 1948 im ersten israelisch-arabischen Krieg geflüchtet waren und nun nach Israel zurückkehrten – nur um festzustellen, dass es ihre alten Häuser nicht mehr gab.

Schon bald wollten wir Kontakt mit Palästinensern aufnehmen – aber auf unserer Schule war kein einziger. Das israelische Bildungssystem war damals stark getrennt in jüdische und arabische Schulen. Bis heute sind binationale Schulen in Israel eine Ausnahme. Aber wir erfuhren von einem Dorf bei Jerusalem mit dem vielversprechenden Namen Neve Shalom (»Oase des Friedens«). Dort finden regelmäßig Begegnungen zwischen arabischen[2] und jüdischen Schülern statt. Wir kontaktierten das Dorf und trugen die Idee unseren Klassenkameraden und schließlich der Schulleitung vor. Am Ende durfte eine handverlesene Gruppe aus unserer Jahrgangsstufe nach Neve Shalom fahren. Dort trafen wir uns eine Woche lang mit Jugendlichen aus der nordisraelischen arabischen Stadt Sachnin – und mussten schon bald feststellen, wie weit entfernt voneinander unsere Sichtweisen auf den jüdisch-arabischen Konflikt waren. Wir Juden waren überzeugt, dass die Araber uns dankbar sein sollten, dass wir für ein Ende der israelischen Besatzung eintraten. Deshalb waren wir erst mal beleidigt, als sie unserer Haltung keinerlei Respekt zollten – dabei hielten wir diese für äußerst fortschrittlich! Für die palästinensischen Schüler war die Begegnung mit einer jüdischen Gruppe vielmehr eine Gelegenheit, endlich einmal ihren Frust über Diskriminierung und Ausgrenzung in Israel rauszulassen. »Warum müssen wir mit euch eigentlich Hebräisch sprechen?«, fragten sie uns. »Lernt doch mal Arabisch!«

Es mussten noch Hunderte Stunden mit Gesprächen vergehen, bis ich – einige Jahre später – Palästinensern empathisch zuhören und ohne Abwehrreflexe ihre Sicht auf den Nahostkonflikt akzeptieren konnte. Erst allmählich konnte ich »die Geschichte des Anderen kennen lernen«, wie es der Psychologe und Friedensforscher Dan Bar-On formuliert hat.[3]

Unser politisches Selbstbewusstsein beruhte auf einem optimistischen Fortschrittsglauben, denn wir sahen uns gemeinsam mit den arabischen Jugendlichen auf der richtigen Seite der Geschichte. Auf der anderen, dunklen Seite der Historie standen nur noch die rückwärtsgewandten Religiösen und Nationalisten beider Seiten.

Woher kam unsere damalige Zuversicht? Nun, als ich in der zehnten Klasse war, gewann der Sozialdemokrat

Jitzchak Rabin (1922–1995) die Wahl und wurde Ministerpräsident. Nur ein Jahr später, 1993, unterzeichnete er in Oslo das Friedensabkommen mit dem damaligen Palästinenserführer Jassir Arafat (1929–2004). Einen besseren Beweis hätten meine Freunde und ich uns nicht wünschen können: Der Frieden zwischen Israelis und Palästinensern würde schon bald keine Utopie mehr sein, sondern eine Tatsache! Fast jede Woche gingen wir demonstrieren, um Rabins Friedenspolitik zu unterstützen, voller Leidenschaft diskutierten wir untereinander die Möglichkeiten einer friedlichen Zukunft.

Die beiden einzigen Linken in der Brigade

Eine wichtige Leitfigur war für uns der Philosoph Jeschajahu Leibowitz (1903–1994). Damals fast 90 Jahre alt, war er eine außerordentliche Persönlichkeit: zugleich orthodoxer Jude, kompromissloser Humanist und scharfer Kritiker der israelischen Besatzungspolitik. Bereits 1968, nur wenige Monate nach dem spektakulären Sieg Israels über drei arabische Nachbarländer, hatte er geschrieben: »Der wichtigste Tag im Sechstagekrieg ist der siebte Tag.« Am siebten Tag nämlich hätte sich die israelische Armee aus seiner Sicht aus den besetzten Gebieten – Ostjerusalem, Westjordanland und Gazastreifen – vollständig zurückziehen müssen.

Wir schwänzten die Schule, um nach Jerusalem zu fahren und seine Vorträge zu hören. Einmal sprach Leibowitz uns hinterher an und lud uns zu sich nach Hause ein. Tagelang bereiteten wir uns auf das Treffen vor. Die Reise zu seinem Haus im historischen Jerusalemer Stadtteil Rechavia kam mir vor wie eine Pilgerfahrt. Wir sprachen mit unserem Idol über unseren Frust, dass sich der Friedensprozess so lange hinzog. Leider fand Leibowitz keine ermutigenden Worte für uns, im Gegenteil. Er widersprach unserer Vorstellung, dass der Friede mit den Palästinensern vor der Tür stehe. Ein Grundproblem sah er in der Ausbreitung einer neuen, messianischen Ideologie unter den jüdischen Israelis: Nationalistische, religiöse Juden, die der Idee eines Großisrael anhingen und Araber nicht als gleichwertige Menschen betrachteten, würden auch in Zukunft einen dauerhaften Frieden verhindern. Jeschajahu Leibowitz' Urteil über sie war unmissverständlich: Er nannte diese Nationalisten »Judeo-Nazis«.

Damals kannte ich keinen einzigen jüdischen Siedler in den besetzten Gebieten. Aber es sollte nicht mehr lange dauern, bis auch ich ihnen persönlich begegnete, im Wehrdienst. Wie alle jüdischen Israelis musste ich als 18-Jähriger drei Jahre zur Armee. »Kein Grund zur Sorge«, dachte ich mir damals. »Der Friedensprozess ist ja fast vollendet. Wir sind bestimmt der letzte Soldatenjahrgang, der noch einen militärischen Konflikt erleben muss.«

Eine Woche vor meiner Einberufung, am 4. November 1995, wurde Jitzchak Rabin von einem jüdisch-nationalreligiösen Terroristen erschossen. Für eine ganze Generation linker, säkularer Israelis brach die Welt zusammen. Meine Freunde gingen in Tel Aviv auf die Straße und zündeten Kerzen an, um an Rabin zu erinnern. Später nannte man sie die »Kerzenkinder-Generation«. Ich weiß nicht, ob mir diese Art des kollektiven Trauerns geholfen hätte, so oder so hatte ich keine Zeit dafür: Mit neuer Kakiuniform und altem M16-Gewehr wurde ich als Infanteriesoldat zur Grundausbildung ins besetzte Westjordanland geschickt.

Ich war kein Pazifist, aber die Vorstellung, dass der vorher fast greifbare Frieden nun in ferne Zukunft gerückt war, machte mir große Angst. Und die Armee war wohl der schlechteste Ort, um mit ihr umzugehen. Meine bedrückte Stimmung wurde zur vollständigen Verzweiflung, als ich der Golani-Einheit zugeteilt wurde – einem Infanteriebataillon, das unter rechtsnationalistischen jungen Männern besonders beliebt war und es bis heute ist. Wie erleichtert war ich, als ich unter den neuen Kameraden doch einen weiteren linken Soldaten kennenlernte! Schnell galten wir beide als potenzielles Problem unserer Einheit – womöglich waren wir der verlängerte Arm der Menschenrechtsorganisation B'Tselem in der Golani-Brigade… Darüber haben wir alle viel gelacht, aber wir wussten auch, dass unsere politischen Differenzen im Ernstfall tatsächlich ein Problem werden könnten. Wir waren in Hebron stationiert. In dieser im Westjordanland gelegenen Stadt mit etwa 200.000 Einwohnern war es unsere erklärte Aufgabe, 500 jüdische Siedler zu verteidigen.

Bei meinem Wehrdienst in Hebron habe ich immer wieder versucht, mein Schularabisch alltagstauglich zu machen – mal mit mehr, mal mit weniger Erfolg. Und seit ich in Deutschland lebe, wird mein rudimentäres Arabisch immer schlechter. Im Ägyptenurlaub muss ich mir schon Mühe geben, um erfolgreich eine Kanne Minztee zu bestellen. Doch auch falls ich mein Arabisch irgendwann ganz verlernen sollte, werde ich einen Satz niemals vergessen: »Iftach el bab!« (»Tür auf!«) Oft genug musste ich ihn während meines Militärdienstes verwenden, denn zum Alltag der Besatzung gehörte damals in den 90er-Jahren die Schikanierung der arabischen Zivilbevölkerung durch nächtliche Hausdurchsuchungen – zu denen die durch viele Kontrollposten eingeschränkten Bewegungsfreiheit und die allmähliche Verdrängung aus dem eigenen Land durch den Ausbau der jüdischen Siedlungen kam.

Besatzung bedeutet Gewalt und Angst

Während meines Wehrdienstes brachen im September 1996 heftige Unruhen in den Palästinensergebieten aus. Auslöser war die Öffnung eines antiken Tunnels unter der Westmauer der Al-Aksa-Moschee, um den Israelis und Palästinenser schon ewig rangen. Der damalige und heutige Ministerpräsident Benjamin Netanjahu hatte für den Zugang zu der archäologischen Passage grünes Licht gegeben, was von palästinensischer Seite als Provokation und Eingriff ins arabische Ostjerusalem aufgefasst wurde. Die eigentliche Ursache war aber, dass kurz nach dem Osloer Abkommen alle Friedenshoffnungen verflogen waren. Die neue rechte Regierung war nicht bereit, den Friedensvertrag umzusetzen, und setzte auf eine Kombination aus Hinhaltetaktik und weiterer Besiedlung der besetzten Gebiete.

Mitten in dieser neuen arabischen Protestwelle wurde ich mit meiner Einheit nach Ramallah versetzt. Im Norden der Stadt bezogen wir Posten auf dem Dach einer schönen Villa. Einen Monat lang lebten wir praktisch *über* einer palästinensischen Familie – einem Arzt, seiner Frau und den drei Kindern. Wir Soldaten nutzten nicht nur das Dach, sondern auch die Toiletten und die Küche der Familie.

Unsere surreale Koexistenz zeigte mir deutlich, was Besatzung bedeutet. Wir versuchten freundlich zur Familie zu sein, und die Hausbewohner versuchten, ihren Alltag normal fortzusetzen, soweit das möglich ist, wenn plötzlich bewaffnete junge Männer in der Küche stehen. Mich beschlich bald das Gefühl, auf der falschen Seite zu sein. Und ich konnte es nicht mehr loswerden.

Die Rede von der »humanen Besatzung« – so die Rhetorik der israelischen Politiker meiner Jugendzeit – gehört bis heute zur großen Lebenslüge vieler Israelis. Die Erfahrung in Ramallah zeigte mir, dass es so etwas nicht geben kann, denn jedes Besatzungsregime funktioniert nur über die Gewalt der Besatzer und die Angst der einheimischen Bevölkerung.

Als wir nach Hebron zurückkehrten, wurde mir zudem vor Augen geführt, dass dort eigentlich die palästinensischen Zivilisten militärischen Schutz benötigten – und zwar vor Gewalt der jüdischen Siedler. Doch wir Soldaten hatten hauptsächlich die Aufgabe, die Siedler gegen palästinensische Angriffe zu verteidigen. Solche Angriffe habe ich zwar auch erlebt. Denn auch in Hebron haben bewaffnete Palästinenser versucht, Anschläge gegen die Siedler zu verüben. Dennoch war es im Alltag häufiger die palästinensische Zivilbevölkerung, die Schutz vor den Siedlern brauchte. Besonders erschreckend war für mich, dass die Siedlerjugend von ihren Eltern ermutigt wurde, arabische Passanten mit Müll, Steinen und Urinbeuteln zu bewerfen. Auf meine Frage hin, erklärte mir mein Vorgesetzter, dass wir gegen diese täglichen Demütigungen nicht viel machen könnten. Weder die Jugendlichen noch ihre Eltern würden dafür bestraft.

In Hebron habe ich auch den heutigen Minister Itamar Ben-Gvir kennengelernt. Ben-Gvir, gleicher Jahrgang wie ich, war wegen rechtsradikaler Aktivitäten ausgemustert worden und lebte in der jüdischen Siedlung innerhalb der arabischen Stadt. Mal warf er mit seinen Freunden Steine vom Dach auf die arabischen Passanten, mal schikanierte er die Straßenverkäufer und sorgte für Tumult auf dem Markt. Wir Soldaten konnten den Provokateur kaum aufhalten, uns beschimpfte er als Nazis und Verräter, bespuckte uns. Über die Jahre hat er seine Arbeitsmethoden verfeinert. Er studierte, wurde Rechtsanwalt und vertrat seine Gesinnungsfreunde, wenn sie wegen Terrors gegen Araber vor Gericht standen. Er ruft nicht mehr »Tod den Arabern«, wie damals in Hebron. Heute sagt er, etwas anschlussfähiger: »Tod den Terroristen.« Im Wesentlichen hat sich Ben-Gvir aber nicht verändert. Verändert hat sich die israelische Gesellschaft. Wer vor einer Generation als rechtsradikaler Paria galt, ist heute gern gesehener Gast in Talkshows und legitimer Koalitionspartner. Ben-Gvir wird heute als Held auf den Straßen, in Einkaufzentren und sogar in Schulen gefeiert. Kinder bitten um Selfies mit diesem freundlichen Araberhasser.

Mit Ben-Gvir und seinesgleichen waren Gespräche zwecklos. Sein Hass auf Araber und Linke und seine rassistische Ideologie waren schon damals fest zementiert. Deshalb versuchte ich, die Kinder und Teenager mit Argumenten und soldatischer Autorität zu überzeugen. Die jungen Siedler gingen sogar auf die Diskussion ein. Sie fanden es offensichtlich interessant, ihre Ideologie von der Überlegenheit des jüdischen Volkes einem linken jüdischen Soldaten vorzutragen. Und so standen wir manchmal bis in die späten Nachtstunden und diskutierten. Ich hatte oft das Gefühl, mit meinen Argumenten nicht zu ihnen durchzudringen. Immer wieder erinnerte ich mich selbst daran, dass diese jungen Leute gar keine andere Realität als die Besatzung kannten, dass sie von ihren Eltern und Lehrern vom Kindesalter an indoktriniert wurden.

Schon damals habe ich mich oft gefragt, ob diese langen Diskussionen völlig umsonst waren. Einige Jahre später aber, als ich in Haifa studierte, rief mich einer der jungen Siedler aus Hebron an. Unsere Gespräche hätten bei ihm nachgewirkt, erzählte er mir. Er bereue die Art und Weise, wie er damals seine arabischen Nachbarn behandelt habe. Mit 18 hatte er die Siedlung verlassen, den Kontakt mit seiner Familie abgebrochen und wollte nun ein neues Leben anfangen. Das Gespräch mit ihm verschaffte mir Genugtuung. Wenn sich eine Person ändern kann, dachte ich mir, könnte es vielleicht auch bei anderen klappen.

Haifa: Ist Alltagsfriede möglich?

Nach drei Jahren als Soldat wollte ich das Kapitel Armee endgültig schließen. Konsequent brach ich den Kontakt zu meinen Kameraden ab. Nur mit dem einzigen anderen Linken blieb ich über Facebook in Verbindung. Als ich telefonisch zum Reservedienst gerufen wurde, legte ich einfach auf. Und zum Termin vor dem Militärgericht ging ich einfach nicht hin. In meiner Abwesenheit wurde ich zu einer Strafzahlung verurteilt. Seitdem war ich nie wieder Soldat, aber die Erinnerungen aus Hebron, Ramallah und dem Südlibanon haben mich viele Jahre noch bis in den Schlaf verfolgt. In einem Traum, der sich unzählige Male wiederholt hat, musste ich in die Armee zurück, ohne mich dagegen wehren zu können. Erst nach einem Jahrzehnt in Deutschland ließen diese Albträume allmählich nach.

Nach der Armee entschied ich mich für ein Gegenprogramm: ein Studium in Haifa. Diese Stadt ist in den Augen vieler Israelis das Sinnbild für ein friedliches Zusammenleben von Juden und Arabern, quasi der Gegenentwurf zum umkämpften, religiös-fundamentalistischen Jerusalem. Auch die Universität dort gilt als besonders progressiv, etwa ein Drittel der Studierenden ist arabisch. Ich hatte idyllische Vorstellungen vom multikulturellen Studentenleben in Haifa. Doch auch wenn es dort keine formale Segregation gab, so galt doch eine informelle, gleichfalls strenge Trennung zwischen den Bevölkerungsgruppen. Wir hörten zwar dieselben Vorlesungen, aßen in derselben Mensa und saßen auf derselben Campuswiese – aber nie zusammen.

Eine kleine Gruppe arabischer und jüdischer Studierender wollte diese Normalität nicht akzeptieren. Ich war einer davon. Wir lernten uns in Seminaren kennen und begannen, in der Bibliothek gemeinsam für Klausuren zu lernen. Bald organisierten wir auch politische Diskussionen. Wir debattierten, ob Israel eine arabischsprachige Universität brauchte, ob arabische Bürger Anspruch auf eigene nationale Symbole haben sollten und ob die jüdische Selbstdefinition des Staates Israel mit demokratischen und liberalen Prinzipien zu vereinbaren ist.

Deutschland als Alternative

Dann kam der Oktober 2000. Bei gewalttätigen Demonstrationen arabischer Staatsbürger gegen die Regierung kamen in der Nähe von Haifa 13 Araber und ein Jude ums Leben. Der Riss zwischen Juden und Arabern wurde zum offenen Bruch. Als das neue Semester begann, kamen die arabischen Studierenden nicht mehr zur Uni. Am Telefon waren Wut und Verzweiflung nicht zu überhören. Als wir uns in den nächsten Wochen und Monaten wiedersahen, war die Stimmung völlig anders. Ich merkte, wie mich die politische Ausweglosigkeit frustrierte. Ich wollte so nicht weitermachen und entschied mich für einen Tapetenwechsel. Ein Jahr später zog ich nach München, um dort mein Studium fortzusetzen.

Ich war nicht der Einzige an der Uni, der Abstand vom politischen Dampfkessel Israel suchte. Einige meiner Freunde entschieden sich ebenfalls, ihre Heimat zu verlassen – für eine begrenzte Zeit oder für immer. Viele andere blieben in Israel, entwickelten aber zunehmend inneren Abstand zur Politik. Bei einem meiner ersten Heimatbesuche bemerkte ich, dass nun alle vegan aßen. »Klar, wenn wir das politische Unrecht im Land nicht verändern können, dann sind wir wenigstens mit unserer Ernährung auf der guten Seite«, lautete die ironische Erklärung.

Ich dagegen war damals damit beschäftigt, meine Ernährung an die bayerische Küche anzupassen und gleichzeitig meine Zeit in Seminare und Studentenpartys zu investieren. Es dauerte aber nicht lang, bis mich das Thema Nahostkonflikt auch in Deutschland einholte: in Fragen von Kommilitonen, in Bemerkungen von Fremden, die sich auf meinen israelischen Akzent bezogen, in Kontakten mit anderen Israelis in Deutschland. Seitdem beobachte ich, wie der Nahostkonflikt hierzulande verhandelt wird. Manchmal wünschte ich mir das Privileg, keine Meinung dazu zu haben. Das steht mir als Israeli aber nicht zu. Ich verspüre eine Verantwortung für das Land, das ich trotz allem liebe.

Wenn ich über Israel spreche, denke ich an meine Familie und an meine jüdischen und arabischen Freunde dort. Es ist ein permanenter Versuch, meine politischen Urteile mit meiner Empathie für die Menschen vor Ort in Einklang zu bringen. Denn an Rechthaberei und einseitiger Identifikation fehlt es in diesem Konflikt bekanntlich nicht.

Dass die beiden Jahrzehnte in Deutschland meine Perspektive auf den Konflikt ebenfalls beeinflusst haben, wurde mir vor einiger Zeit bewusst. Da erzählte mir mein Bruder, er sei an seiner Universität in Beer Sheva einer Friedensinitiative beigetreten. Auf meine Nachfrage, mit welchem palästinensischen Partner diese zusammenarbeite, reagierte er verdutzt: Der Initiative gehe es nicht um Dialog, sondern lediglich darum zu überlegen, welche Maßnahmen auf israelischer Seite zur Eindämmung des Konflikts beitragen könnten. Warum »eindämmen« und nicht »beenden«, fragte ich. »Du lebst zu lange in Deutschland, um das zu verstehen«, erwiderte mein Bruder mit hörbarem Trotz. Das stimmt, dachte ich, und sagte: »Aber vielleicht sehe ich aus der Entfernung etwas, was du nicht siehst.«

Israel schafft sich ab

Inzwischen meine ich nicht mehr, dass ich aus der Entfernung etwas besser sehen kann. So sehr bin ich von der politischen Situation in Israel desillusioniert. Mit der Wiederwahl von Benjamin Netanjahu und seinen rechtsextremen Verbündeten im Herbst 2022 ist meine Hoffnung auf eine friedliche Lösung zwischen Israelis und Palästinensern in absehbarer Zeit verschwunden. Am Wahlabend im November 2022 war Itamar Ben-Gvir, den ich aus meiner Zeit in Hebron kannte, der größte Gewinner. Seine Partei wurde zur drittstärksten Kraft in der Knesset. Der Aufstieg des verurteilten Rechtsextremisten, der mehrfach wegen Volksverhetzung und Anstiftung zum Terror im Gefängnis saß, zum Königsmacher in der israelischen Politik und zum wichtigen Minister im Kabinett Netanjahus ist ein Beispiel für den Wandel, den die israelische Gesellschaft in den vergangenen Jahrzehnten durchlebt hat. Eine Gesellschaft, die heute gespaltener denn je ist: zwischen dem (immer kleiner werdenden) liberal-säkularen Lager und dem (immer stärker werdenden) nationalistisch-religiösen Lager. Die Polarisierung wird verkörpert durch die beiden großen israelischen Städte, die, folgt man dem israelischen Diskurs, unterschiedlicher nicht sein könnten: Da das hedonistische, weltoffene, westliche, queere Tel-Aviv – dort das jüdisch-nationalistische und religiös-orthodoxe Jerusalem.

Der Wandel Israels ist auch eine Folge demografischer Entwicklungen. Zu den Bürgern des »Tel-Aviv-Staats« zählen vor allem säkulare Aschkenasim, also europäisch-stämmige Juden, die in der Weltmetropole oder in den Kibbuzim leben. Sie verfügen über ein überdurchschnittlich hohes Bildungsniveau, unterhalten Kontakte ins Ausland und sehen sich als Teil der westlichen Welt. Diese Bevölkerungsgruppe hinkt mit etwa zwei Kindern pro Familie in der Geburtenrate deutlich den Bürgern des »Jerusalem-Staats« hinterher. Diese sind mehrheitlich Misrachi, also arabischstämmige Juden, Bewohner der israelischen Kleinstädte im Umland oder der Siedlungen im Westjordanland. Eine weitere entscheidende Bevölkerungsgruppe im »Jerusalem-Staat« sind die orthodoxen und ultraorthodoxen Juden. Bei ihnen liegt die durchschnittliche Geburtenrate seit Jahren bei etwa 6,7 Kindern pro Familie. Bürger des »Jerusalem-Staats« zeigen sich zum Beispiel völlig unbeeindruckt von den Korruptionsaffären Netanjahus. Für sie sind demokratische Prinzipien wie Rechtsstaatlichkeit oder Gewaltenteilung offenbar weniger wichtig als das Gefühl, von einem »starken Mann« an der Spitze des Staats vertreten zu werden.

Israel erntet aktuell das, was vor Jahrzehnten gesät wurde. Dass die Arbeiterpartei, die Partei der Staatsgründer, bei der Wahl 2022 fast vollständig von der politischen Landkarte gefegt wurde, mögen manche als verspätete Gerechtigkeit werten. Schließlich war es Staatsgründer David Ben-Gurion, der zugelassen hat, dass ultraorthodoxe Juden immer mehr Macht erlangen konnten. In geschlossenen Communitys werden seit langer Zeit antidemokratische Werte weitergegeben. Ultraorthodoxe Juden durften eigene staatlich finanzierte Schulen gründen, in denen weder Mathematik noch Englisch unterrichtet werden. Und am Arbeitsmarkt müssen die Männer nicht teilnehmen, da der Staat die Kosten für ihr Tora-Studium bis zum Rentenalter übernimmt.

Über Jahrzehnte wuchs und gedieh in den segregierten

ultraorthodoxen Communitys in Jerusalem, Bnei Brak und später in den Siedlungen im Westjordanland der Hass auf liberale Werte und Palästinenser. Es waren auch die Ministerpräsidenten der Arbeiterpartei, die nach dem Krieg 1967 die besetzten Gebiete im Westjordanland beibehalten wollten. Das Siedlungsprojekt im Westjordanland begann, als die Arbeiterpartei noch an der Macht war. Dem Ratschlag von Jeschajahu Leibowitz, sich wenige Monate nach dem spektakulären Sieg aus den besetzten Gebieten zurückzuziehen, wollte niemand in der Politik folgen. Ansonsten, warnte Leibowitz, würde die zionistische Idee der »Wahnvorstellung des großen Israels« aufgeopfert. Nun wurde seine Prophezeiung zur Realität. Diese Wahnvorstellung ist ein demokratiegefährdendes all-inclusive Paket: Abbau des Rechtsstaates und der Justiz, Zerlegung der Zivilgesellschaft und das Aus für alle Hoffnung auf ein gleichberechtigtes Zusammenleben mit den palästinensischen Bürgern Israels und eine friedliche Lösung mit den Palästinensern im Westjordanland und in Gaza.

Meine Familie und Freunde in Israel, Bürger des »Tel Aviv«-Staats, fühlen sich zunehmend fremd im eigenen Land. Sie fragen sich, ob die israelische Demokratie noch zu retten ist. Die Gefahr, dass sich Israel in den kommenden Jahren zu einer illiberalen Demokratie oder »defekten Demokratie« nach dem Vorbild der Türkei und Ungarns verwandeln wird, ist sehr real. Bei den amerikanischen Politikwissenschaftlern Steven Levitsky und Daniel Ziblatt lässt sich nachlesen, wie das geschieht: in der Regel nicht in einer Revolution oder während eines Putsches, sondern in einem langsamen alltäglichen Prozess. Wenn die Bürger es bemerken, ist es meist zu spät.[4]

Über meinen Pessimismus angesichts dieser Lage zu sprechen, fällt mir schwer. Über die Jahre habe ich gelernt, mit meinen Äußerungen zum Nahostkonflikt vorsichtig zu sein: nicht nur, weil – vor allem in den sozialen Medien – eine unliebsame Aussage schnell mit Spott und persönlicher Diffamierung bestraft wird, sondern auch, weil ich merkte, dass meine Stimme als Israeli in Deutschland auf ein anderes Echo stößt. Aber ich will nicht die Rolle des jüdisch-israelischen Kronzeugen übernehmen. Und das passiert leider zu oft. Immer wieder wird meine Kritik an der israelischen Politik von Leuten zitiert, die einseitig Schuld zuweisen möchten. »Ich bin längst nicht der Einzige, der die deutsche Israelpolitik kritisiert«, konstatierte zuletzt in der *Zeit* einer dieser »Israelkritiker« und zitierte äußerst selektiv aus einem meiner Texte.[5]

Das vorliegende Buch ist keine Autobiografie. Es ist aber auch kein gewöhnliches Sachbuch, dafür enthält es zu viele meiner persönlichen Erfahrungen. Ich habe es geschrieben als Israeli, der inzwischen auch Deutscher ist. Es ist der Blick desjenigen, der gestern kam und morgen bleibt. Der »potentiell Wandernde«, wie ihn Georg Simmel nennt, weil er »die Gelöstheit des Kommens und Gehens nicht ganz überwunden hat«.[6]

Vorwort

Im heißen Sommer 2022, als ich damit beginne, dieses Vorwort zu schreiben, tobt eine große Diskussion über die Weltkunstschau documenta fifteen in Deutschland. In der Politik, in der Kultur, in den (sozialen) Medien wird erregt über Kunstwerke aus Indonesien, Gaza und Tunesien gestritten.

Was die eine Seite als unverhüllten Antisemitismus sieht, interpretiert die andere Seite als Kritik an der israelischen Besatzungspolitik und am Militarismus. Eine Seite diagnostiziert einen Dammbruch der Antisemitismusakzeptanz und eine Erosion der Schlussstrichabwehr. Die andere Seite beklagt sich über Zensur und Instrumentalisierung des Antisemitismusvorwurfs.

Auch in meinem ersten Sommer in Deutschland 2002 sorgte eine Debatte um Antisemitismus und Israel wochenlang für Schlagzeilen. Damals – kurz vor der Bundestagswahl – wurde über die antiisraelischen Äußerungen des stellvertretenden FDP-Vorsitzenden Jürgen Möllemann diskutiert. Er rechtfertigte Terroranschläge gegen israelische Zivilisten und gab die Schuld für Antisemitismus in Deutschland Juden wie Michel Friedman, damals noch Vize-Präsident des Zentralrats der Juden. Fünf Tage vor der Bundestagswahl ließ Möllemann acht Millionen Flug-

blätter verschicken, auf denen Friedman und der israelische Premier Ariel Sharon abgebildet waren. Er warf ihnen
vor, Panzer in Flüchtlingslager zu schicken und Kritik daran als antisemitisch zu kennzeichnen. Erwies sich Möllemann damit als Antisemit? Oder brach er ein »Tabu«,
indem er Israel kritisierte? Die Debatte wurde hochemo-
tional geführt; als ob die Position zu Möllemann wichtiger
wäre als die Wahl des Bundeskanzlers.

In der Möllemann-Debatte 2002 und der Documenta-
Debatte 2022 ging es um die gleichen Fragen: Wird die
deutsche Schuld und Verantwortung für den Holocaust
instrumentalisiert, um Israel gegenüber Kritik zu immu-
nisieren? Oder anders gefragt: Soll man in Deutschland
mehr Rücksicht auf Israel nehmen als in anderen westlichen Demokratien?

Dieses Buch nimmt die deutsche Auseinandersetzung
über Israel in den Blick. Eine Debatte, die trotz – oder vielleicht wegen – des wachsenden Abstands zum Holocaust
eine besondere Brisanz hat.

Über die deutsche Debatte um Israel ein Buch zu schreiben, entschied ich spätestens im Mai 2021. Ich stand an der
Hauptwache, einem zentralen Treffpunkt mitten in Frankfurt, hinter einer Polizeiabsperrung und beobachtete zwei
Kundgebungen. Auf der einen Seite versammelten sich Pa-
lästinasympathisanten, auf der anderen Israelunterstützer.
In Israel und Gaza tobte seit einer Woche eine militärische
Auseinandersetzung, die Dutzende (überwiegend palästinensische) Tote gefordert hatte. In einigen jüdisch-arabischen Städten Israels gingen sogar Zivilisten aufeinander
los. Ich hatte mich auf den Weg zur Hauptwache gemacht,
weil ich nicht mehr zu Hause vor dem Fernseher bleiben

wollte; ich hatte das Bedürfnis, mit anderen Menschen zusammen zu sein, die von der Situation ebenso überfordert waren wie ich. Aber meine Hilf- und Fassungslosigkeit wurde noch größer, als ich die Kundgebungen sah. Wie im Stadion schrien sich die Fans gegenseitig an. Dazwischen stand die Polizei. Die Szenerie kannte ich schon von früheren Runden des Nahostkonflikts.

Israelis und Palästinenser haben einen ähnlichen Sinn für Humor. Wir schmunzeln gerne über die Deutschen, eine Nation mit 80 Millionen Nahostexperten. Auch wenn wir es nur selten offen sagen, wissen wir es alle: Die leidenschaftlichsten Unterstützer der israelischen und der palästinensischen Sache leben in Deutschland – aber die meisten von ihnen haben nicht die leiseste Ahnung von der Situation vor Ort.

Neben den Unterstützern der einen oder anderen Seite gibt es viele, die uns verständlicherweise wünschen, endlich Frieden zu finden. Neulich las ich ein Interview mit einem Sterbenskranken. Auf die Frage, ob es etwas gibt, was er zu Lebzeiten noch gern getan hätte, war seine Antwort: »Natürlich hätte ich gern noch die Welt gerettet. Den Nahostkonflikt gelöst. Das wird nun nichts mehr«.[1] Der Mann war nicht einmal in seinem Leben in Israel gewesen, sah aber die Lösung des dortigen Konflikts gleichrangig mit dem Weltfrieden.

In Gesprächen habe ich immer wieder gefragt: Wieso interessiert ihr euch so für unseren Konflikt? Die meisten sind zunächst irritiert, dass ich diese Frage stelle. Viele Deutsche erteilen ohne jede Zurückhaltung gut gemeinte Ratschläge, wie wir Israelis und Palästinenser unseren Konflikt lösen können.

Eine dieser Ideen ist mir besonders gut in Erinnerung geblieben. Ich war nicht mal ein Jahr in Deutschland, als mich ein Münchener Theologe kontaktierte, um für seine Friedensvision zu werben. Zu unserem Treffen brachte er gleich zwei Bilder mit, seine Skizzen für einen neuen jüdischen Tempel. Der Tempelberg in Jerusalem ist der heißeste Streitpunkt des jüdisch-arabischen Konfliktes. Denn der Felsendom und die Al-Aksa-Moschee befinden sich dort, wo der erste und der zweite jüdische Tempel gestanden hatten, bevor sie zerstört worden waren. Die Idee meines Gesprächspartners: Ein neuer, dritter jüdischer Tempel sollte auf dem Tempelberg errichtet werden. Oder genauer gesagt: über dem Tempelberg. Und zwar entweder auf einer »festen Plattform« über dem Berg oder »direkt in der Luft schwebend, getragen von einer Art Zeppelin«.[2] Wieso waren Israelis und Palästinenser noch nicht selbst auf diese geniale Idee gekommen? Mein Versuch, dem gut meinenden Theologen zu erklären, dass die Idee zwar in der Theorie funktionieren könne, aber keinesfalls in der Praxis, im Jerusalem der Gegenwart, ist kläglich gescheitert. Bis heute versucht er vergeblich, Anhänger für seine Vision zu finden.

Zweifelsohne steht es jedem frei, zu allen möglichen Konflikten überall in der Welt eine eigene Meinung zu formulieren und Lösungsvorschläge zu entwickeln. Dennoch glaube ich, dass es der Diskussion in Deutschland guttäte, wenn vorher eine gesellschaftliche Auseinandersetzung darüber stattfände, was genau die hiesige Sicht auf den Nahostkonflikt prägt. Dass die Geschichte des Holocaust und eine damit zusammenhängende Schuld- und Erinnerungsabwehr mitschwingt, liegt auf der Hand.

Doch viele reflektieren selbst dies nicht. Vielleicht lautet auch deshalb eine besonders beliebte Zuschreibung in Deutschland, dass die Israelis die Nazis von heute seien. So zeigt die Bielefelder Studienreihe zur Gruppenbezogenen Menschenfeindlichkeit, dass regelmäßig mehr als die Hälfte der deutschen Bevölkerung dem Satz teils oder im Ganzen zustimmt, dass das, »was der Staat Israel heute mit den Palästinensern macht, im Prinzip auch nichts anderes ist als das, was die Nazis mit den Juden gemacht haben«.[3]

Solche Gleichsetzungen werden mal explizit und mal subtil an mich herangetragen. 2009 lud mich die Evangelische Akademie Rheinland ein, auf einer Tagung über die israelische Siedlerbewegung zu sprechen. Am Abend schauten wir gemeinsam den israelischen Film »Waltz With Bashir«, der die Erinnerungen eines israelischen Soldaten an den ersten Libanonkrieg 1982 dokumentiert. Ich saß wie gebannt vor der Leinwand, als ich meinen Sitznachbarn zu seiner Frau sagen hörte: »Alles, was die Israelis dort machen, haben sie von der SS gelernt.«

Welche Funktion erfüllt das Verhältnis zu Israel in der deutschen Politik und Gesellschaft? Das Verhältnis zu Juden im Allgemeinen, und ganz spezifisch die Verbundenheit zum Staat der Juden, bildet einen wichtigen Teil des deutschen Projekts der »Vergangenheitsbewältigung«. Der Historiker Daniel Cil Brecher erklärt die »Hinwendung« zu Israel als ein »Element der neuen politischen Identität der BRD und ihrer Eliten«. Die Unterstützung Israels sei zum Symbol des eigenen demokratischen, toleranten und liberalen Selbstverständnisses geworden.[4] Mit dem Fall der Mauer und dem Ende des Kalten Krieges nahm die Selbstverpflichtung gegenüber dem jüdischen Staat in Form einer deutschen Staatsräson eine immer größere Rolle als moralischer Kompass in der deutschen Außenpolitik ein. Sie galt als Beweis der moralischen Überlegenheit der Bundesrepublik gegenüber der antiisraelischen DDR. Nachdem der Feind nicht mehr auf der anderen Seite der Berliner Mauer stand, wurde diese Selbstvergewisserung immer wichtiger. Sie verlieh das Gefühl, auf der richtigen Seite zu stehen. Es ist vielleicht kein Zufall, dass gerade die in der DDR sozialisierte Bundeskanzlerin die Freundschaft zu Israel mehr als jeder ihrer Vorgänger zum Eckpfeiler ihrer Außenpolitik gemacht hat. Und so führt ein Weg vom sogenannten Wiedergutmachungsabkommen zwischen den beiden Staaten vor 70 Jahren hin zur Rede der früheren Bundeskanzlerin Angela Merkel vor der Knesset 2008, in der sie Israels Sicherheit zur deutschen »Staatsräson« erklärte.

Das bedeutet nicht, dass der westdeutsche Staat in den vergangenen 70 Jahren immer proisraelisch gestimmt war. So dauerte es nach der Gründung der BRD mehr als fünfzehn Jahre, bis die Bundesrepublik endlich bereit war, offizielle diplomatische Beziehungen mit Israel aufzunehmen. Darauf hatte sie ein Wirtschaftswunder lang verzichtet – niemand wollte die arabischen Staaten als Rohstofflieferanten und Kunden verärgern. In der DDR gehörte der Antizionismus gar zum Regierungsprogramm.[5]

Dennoch kann man feststellen, dass es heute eine enge politische Beziehung zu Israel gibt, und dass dies von einem parteiübergreifenden Konsens getragen wird. Über die Jahre rückte die Annäherung immer mehr ins Zentrum des politischen Diskurses. Gibt man das Wort »Israel«

bei den digitalen Beständen des Deutschen Bundestages an, taucht es in der Zeit der Bonner Republik zwischen 70- und 450-mal pro Legislaturperiode auf. Nach der Wiedervereinigung wird Israel immer präsenter in Gesetzen, Anträgen, Fragen an die Regierung und Reden im Plenum: im 12. Bundestag (1990–1994) gab es schon 600 Erwähnungen, im 19. Bundestag (2017–2021) eine Rekordzahl von 2.097.[6]

Prominentes Beispiel für die politische Diskussion über Israel war der Bundestagsbeschluss vom Mai 2019, der die antiisraelische BDS-Bewegung (Boycott, Divestment and Sanctions) verurteilte. Begründet haben die Abgeordneten ihren Beschluss mit einem Verweis auf die deutsche Verantwortung für den Holocaust – und auf die antisemitischen Argumentationsmuster und Methoden der BDS-Bewegung.

Die guten deutsch-israelischen Beziehungen werden von der Mehrheit der Bevölkerung nicht im gleichen Maße mitgetragen. Zu Israel hat zwar jeder eine Meinung, aber nur sieben Prozent der Deutschen sind tatsächlich schon mal dort gewesen, so eine Studie von 2022.[7] Diese Prozentzahl wäre vermutlich noch niedriger, hätte die Politik Israelreisen nicht großzügig gefördert, sei es im Rahmen von Jugendaustauschprojekten, Bildungsreisen oder Städtepartnerschaften.[8]

Angesichts des andauernden Konflikts mit den Palästinensern und ohne Aussichten auf eine tragfähige Friedensordnung sowie angesichts der erstarkenden nationalistischen und rechtsextremistischen Kräfte in der israelischen Politik und Gesellschaft scheint die hochgepriesene Verbundenheit zwischen Israelis und Deutschen für Letztere immer weniger attraktiv zu sein. Es scheint hier eine Kluft zwischen (tendenziell proisraelischer) Elite und (tendenziell antiisraelischer) Bevölkerung zu liegen. Auf der einen Seite gehören politische Solidaritätsbekundungen zum guten Ton der deutschen Politik. Auf der anderen Seite zeigen Studien, dass die Sympathie für Israel in der Bevölkerung sinkt und »israelbezogener Antisemitismus« Konjunktur hat.[9]

Dazu kommt noch ein zweiter Effekt: Die deutsche Gesellschaft wird immer diverser. Schon jetzt hat mehr als ein Viertel der Bevölkerung einen sogenannten Migrationshintergrund. In der politischen Willensbildung kommen immer mehr Menschen zu Wort, die ihre familiären Wurzeln nicht in Deutschland oder Europa haben. Viele stammen aus islamisch geprägten Ländern, in denen der öffentliche Diskurs über Israel deutlich negativer ausfällt als in der Bundesrepublik. Und in der Kultur- und Kunstszene wächst ein postkoloniales Selbstverständnis. Viele Kulturschaffende möchten sich dem sogenannten globalen Süden öffnen und verurteilen Israel als Produkt des europäischen Kolonialismus. Der offizielle politische Diskurs über Israel scheint hinderlich zu sein, wenn es darum geht, ungestört auf der internationalen Bühne aufzutreten – denn dort werden Solidaritätsbekundungen für die Palästinenser verlangt.

Das vorliegende Buch geht diesen Grundkonflikten nach. *Im ersten Kapitel* wird nach der politischen *Entstehung des deutschen Blicks auf Israel* gefragt: Wie kam es dazu, dass Israels Sicherheit als deutsche Staatsräson deklariert wurde? Wie läuft das Zusammenspiel von Symbolpolitik, Rüstungsinteressen und Moral? Und schließlich:

Welche Folgen haben die Entwicklungen in der israelischen Gesellschaft und Politik für die Selbstverpflichtung Deutschlands? Ist sie in der bisherigen Form aufrechtzuerhalten?

Das zweite Kapitel schaut auf die politischen und kulturellen Kämpfe um Israel in der *Diskussion um die BDS-Bewegung.* Im Umgang mit ihr wird gerade stellvertretend der deutsche Blick auf Israel neu verhandelt.

Im dritten Kapitel wird der Blick auf *linke Milieus* gelenkt. In kaum einer anderen europäischen Linken hat das Thema Israel eine so identitätsstiftende Funktion wie in Deutschland. Warum polarisiert das Thema Menschen, die die gleichen Werte und Weltanschauungen haben und die alle für sich proklamieren, aus Auschwitz gelernt zu haben?

Das Buch endet mit dem *vierten Kapitel* über *die deutsche Erinnerungskultur.* Warum kommt es ausgerechnet jetzt zu einem zweiten Historikerstreit? Welche Rolle spielt dabei das Verhältnis zu Israel?

»Deutschland hat sich tief in das mentale Gewebe Israels eingeschrieben«, stellte der Historiker Dan Diner einmal fest.[10] Gilt diese Formel auch umgekehrt? Dieses Buch zeigt, dass in Deutschland über Israel nicht so gedacht und geredet wird wie über andere Länder. Es geht deshalb nicht so sehr von Israel und dessen Konflikt mit den Palästinensern und den arabischen Nachbarstaaten aus, sondern von den Merkwürdigkeiten und Schieflagen einer Debatte, die einer ganz eigenen Logik folgt. Es ist ein Plädoyer für Versachlichung und Differenzierung in einem umkämpften Feld, in dem sich Geschichte und Gegenwart sowie Real- und Moralpolitik vermischen. Eine offene Debatte in Deutschland über Israel ist möglich, wenn die Beteiligten ihre Positionen reflektieren und sich bereit erklären, sich von festgefahrenen Argumentationsmustern zu verabschieden. Dies gilt es nicht nur aus der Verantwortung für die Vergangenheit, sondern auch aus Verantwortung gegenüber Israelis und Palästinensern zu tun, die sich heute vor Ort für Frieden und Verständigung einsetzen.

Die Bundeswehr
an der Klagemauer

Die Debatte
um die Staatsräson

In den 90er-Jahren guckte ich im israelischen Fernsehen gern die Satiresendung »Ha-Chamishia Ha-Kamerit«. Mein Lieblingssketch handelte von den Olympischen Spielen: Eine israelische Delegation verlangt vom deutschen Kampfrichter, dem kleinen israelischen Athleten an der Rennstrecke einige Meter Vorsprung vor den anderen Sportlern zu geben, die alle größer sind. Der Deutsche lehnt das ab, die Israelis versuchen es daraufhin mit emotionaler Erpressung: »Kill me, I'm a Jew« – töte mich doch, ich bin Jude –, ruft einer, und ein anderer fragt: »Haven't the Jews suffered enough?« – Haben die Juden nicht genug gelitten?[1] Der Sketch bringt zum Ausdruck, was viele Israelis denken: Die Deutschen sollen ihre historische Schuld durch Zugeständnisse an Israel abbezahlen. Wenn nicht mit Vorteilen bei den Olympischen Spielen, dann mit militärischer und politischer Unterstützung.

Auch in Deutschland scheint diese Vorstellung in der Politik mittlerweile Konsens zu sein. Bundeskanzlerin Angela Merkel erklärte die Sicherheit Israels in einer Rede 2008 vor der Knesset zur »deutschen Staatsräson«, dies wurde von allen Parteien im Bundestag unterstützt. Die Diskussion im Parlament anlässlich der 70-Jahr-Feier zur Gründung des Staates Israel 2018 zeigte diesen Konsens deutlich.[2] Martin Schulz (SPD) erklärte: »Indem wir Israel schützen, schützen wir uns selbst vor den Dämonen der Vergangenheit unseres eigenen Volkes.« Volker Kauder von der CDU sekundierte: »Mit dem Existenzrecht Israels verteidigen wir nicht nur dieses Land und diesen Staat, sondern auch die Demokratie und den Rechtsstaat.« Katrin Göring-Eckardt (Bündnis 90/Die Grünen) sagte: »Die Existenz Israels ist unmittelbar verbunden mit der Existenz unseres Landes als freie Demokratie und deswegen unsere Verantwortung. Wir müssen der Garant Israels als Staat sein, als Deutsche.« Bijan Djir-Sarai (FDP) erklärte: »Für die deutsche Außenpolitik sind die Sicherheit und das Existenzrecht des Staates Israel unverhandelbar.« Und Dietmar Bartsch (Die Linke) sprach von Deutschlands »moralischer Pflicht, dem Staat Israel solidarisch zur Seite zu stehen«. Sogar von Rechtsaußen kam Zuspruch: Alexander Gauland (AfD), der den Nationalsozialismus als »Vogelschiss« bezeichnet hatte, nutzte die deutsche Vergangenheit für eine Solidaritätserklärung: »Gerade weil wir auf diese furchtbare Weise [der Holocaust] mit dem Existenzrecht Israels verbunden sind, war und ist es richtig, die Existenz Israels zu einem Teil unserer Staatsräson zu erklären.« Die AfD brüstet sich auch an anderer Stelle gern mit Solidarität gegenüber Israel – um dann gegen Muslime und Araber Stimmung zu machen.

In der deutschen Bevölkerung ist die Verpflichtung zum Staat Israel allerdings umstritten. Bei einer *Stern*-Umfrage 2012 sagten 60 Prozent der Befragten, Deutschland habe keine besondere Verpflichtung gegenüber Israel. Nur jeder Dritte (33 Prozent) hielt eine besondere Verantwortung für gegeben.[3] Der Aussage »Vor dem Hintergrund der Geschichte des Holocaust hat Europa eine besondere Verantwortung für Israel« stimmten 2020 in einer Umfrage 64 Prozent der Israelis, aber nur 41 Prozent der Deutschen zu.[4]

Es scheint, als seien die Politiker moralischer als die Gesamtbevölkerung. Aber ist das wirklich so? Um diese Annahme zu beantworten, muss zunächst die Begründung des Verhältnisses zu Israel kritisch überprüft werden. Denn die Anerkennung des Staats als Repräsentant der Opfer und die politische, wirtschaftliche und militärische Unterstützung wurden zwar stets gern moralisch begründet. Doch in Wirklichkeit war es oft realpolitisches Kalkül, das die deutsche Politik bestimmte.

Merkel vor der Knesset

Hebräisch mit deutschem Akzent in der Knesset zu hören, ist inzwischen eine Seltenheit. Die Zeit, als noch viele Abgeordnete des israelischen Parlaments aus Deutschland stammten, ist längst vorbei. Angela Merkel war 2008 die erste deutsche Staatschefin, die vor der Knesset sprach. Sie leitete ihre Rede mit einem Satz auf Hebräisch ein, bevor sie sie auf Deutsch fortsetzte – eine symbolische Geste ihrer Nähe und Verbundenheit zum Staat Israel, die in der Folge von ihr ausbuchstabiert wurden. Merkel sparte nicht mit Komplimenten für das zionistische Projekt: Die Kanzlerin sprach von »großartiger Aufbauarbeit der Menschen unter schwierigen Bedingungen«, Israel sei heute »ein Land voller Vitalität und Zuversicht, mit technologischen Spitzenleistungen, mit kulturellem Reichtum und Traditionen«. Es blieb aber nicht bei den üblichen Komplimenten. Gegen Ende der Rede sprach Merkel einige Sätze:

»Jede Bundesregierung und jeder Bundeskanzler vor mir waren der besonderen historischen Verantwortung Deutschlands für die Sicherheit Israels verpflichtet. Diese historische Verantwortung Deutschlands ist Teil der Staatsräson meines Landes. Das heißt, die Sicherheit Israels ist für mich als deutsche Bundeskanzlerin niemals verhandelbar. Und wenn das so ist, dann dürfen das in der Stunde der Bewährung keine leeren Worte bleiben.«[5]

Die Formel, dass Israels Sicherheit deutsche Staatsräson sei, wird seither medial immer wieder aufgegriffen. Interessanterweise war die Rede vor der Knesset nicht das erste Mal, dass Merkel den Begriff verwendete. Schon 2006 sprach Merkel im Interview mit der *Welt* über das Existenzrecht Israels als Teil deutscher Staatsräson.[6] Ein Jahr später griff sie vor der Generalversammlung der UNO auf fast die gleiche Wortwahl zurück.[7] Weder das Interview in der *Welt* noch die Rede vor der UNO haben besondere Aufmerksamkeit bekommen. Erst mit der Rede vor der Knesset wurde die Formel der deutschen Staatsräson zur Sicherheit Israels zum Signum deutscher Politik. Seitdem wird sie von verschiedenen Amtsträgern routiniert wiederholt. So im Bundestagsbeschluss bezüglich der BDS-Kampagne 2019 (siehe auch Kapitel 2), wo es heißt: »Durch eine besondere historische Verantwortung ist Deutschland der Sicherheit Israels verpflichtet. Die Sicherheit Israels ist Teil der Staatsräson unseres Landes.«[8]

2021 fand die deutsche Bindung an Israel sogar Eingang in den Koalitionsvertrag der neuen Ampel-Bundesregierung. »Die Sicherheit **Israels** [Hervorhebung im Original] ist für uns Staatsräson. Wir werden uns weiter für eine verhandelte Zweistaatenlösung auf der Grundlage der Grenzen von 1967 einsetzen. Die anhaltende Bedrohung des Staates Israel und den Terror gegen seine Bevölkerung verurteilen wir. Wir begrüßen die begonnene Normalisierung von Beziehungen zwischen weiteren arabischen Staaten und Israel. Wir machen uns stark gegen Versuche antisemitisch motivierter Verurteilungen Israels, auch in den VN.«[9] Das bekräftigte die neue Außenministerin Annalena Baerbock (Bündnis 90/Die Grünen) bei ihrem Antrittsbesuch in Tel Aviv und Jerusalem: »Die Sicherheit Israels ist und bleibt deutsche Staatsräson.«[10] Zudem erklärte sie nach einem Besuch der Holocaust-Gedenkstätte Yad Vashem, Deutschland stehe »unverrückbar zu seiner Verantwortung für diese Schrecken der Vergangenheit«, dies sei ein »Auftrag für die Gegenwart und für die Zukunft«.

All das vermittelt den Eindruck – und Merkel sagt es ja explizit –, dass eine solche Staatsräson eine Selbstverständlichkeit im Nachkriegsdeutschland sei, dass diese Position schon von jeder Bundesregierung und jedem Bundeskanzler vor ihr mitgetragen worden und von ihr und anderen Politikern nur bestätigt oder deutlich ausgesprochen worden sei. Dabei stimmt das nicht im Geringsten. Merkels Äußerungen – im *Welt*-Interview, vor der UNO-Generalversammlung und schließlich vor der Knesset – waren ein Novum in den deutsch-israelischen Beziehungen.

Es ist bemerkenswert, dass diese Erklärung kaum in der Öffentlichkeit und Politik infrage gestellt worden ist.

Schließlich beruht das Konzept auf einem vordemokratischen Gedanken: Staatsräson, am prominentesten beschrieben durch den florentinischen Staatsdenker Niccolò Machiavelli in seinem Hauptwerk »Der Fürst« (1513), bedeutet ursprünglich, dass ein Staat seine (Macht-)Interessen durchsetzen darf und soll, selbst wenn dies die Verletzung von Rechten einzelner Bürger beinhaltet oder den Bruch von Gesetzen, da das Staatswohl wichtiger ist als das Wohl des Einzelnen. Damit steht die Staatsräson eigentlich grundsätzlich dem Rechtsstaat entgegen. Da etwa die Bundesrepublik Deutschland im Grundgesetz die Wahrung der Würde des Menschen und der Grundrechte festgeschrieben hat, war in bundespolitischem Zusammenhang lange nicht von einer Staatsräson die Rede. Nicht einmal, als es etwa im »Deutschen Herbst« 1977 darum ging, nicht auf Erpressungsversuche von Terroristen einzugehen, den Staat also nicht erpressbar zu machen. Und so ist es zumindest verwunderlich, dass Angela Merkel ausgerechnet auf das Konzept der Staatsräson zurückgegriffen hat, um die Verbundenheit zu Israel zum Ausdruck zu bringen.

Tatsächlich reagierte einer von Merkels Vorgängern etwas skeptisch auf ihre Rede vor der Knesset. So meldete sich Altkanzler Helmut Schmidt zu Wort und erklärte, für Israels Sicherheit mitverantwortlich zu sein, sei eine »gefühlsmäßig verständliche, aber törichte Auffassung, die sehr ernsthafte Konsequenzen haben könnte«. Merkels Bekenntnis sei eine »Übertreibung«.[11] In Schmidts Kanzlerzeit stand die »moralische Verpflichtung« der Deutschen gegenüber den Arabern im Vordergrund. In einem Interview in der ARD im April 1981 begründete er seine Unterstützung der PLO auf Selbstbestimmung mit Ver-

weis darauf.[12] Eine moralische Verpflichtung der Bundesrepublik gegenüber Israel erwähnte er in dem Gespräch
nicht.[13]

Adenauer und die Wiedergutmachung

Bis in die 80er-Jahre war ein alter VW-Käfer der große
Stolz meines Großvaters. Er hatte extra eine Abdeckung
genäht, um das Auto vor der israelischen Sonne zu schützen, und er ölte die Ledersitze wöchentlich zur Pflege ein.
Der Besitz eines VW-Käfers war für ihn eine Art Beweis,
dass er zum Mittelstand gehörte. Erst Jahre danach erfuhr
ich, dass der geliebte Käfer Teil einer Lieferung im Rahmen
des Wiedergutmachungsabkommens war. Wiedergut-
machungszahlungen hatte mein Großvater stets abgelehnt,
ein deutsches Auto zu erwerben, war aber eine andere Sache: Stärker als seine Vorbehalte gegenüber Deutschland
war eindeutig seine Bewunderung der deutschen Technik.

Vielleicht war der Pragmatismus meines Großvaters
von der Haltung des Staatsgründers David Ben-Gurion
beeinflusst. Dieser unterzeichnete bereits 1952 ein Abkommen mit Deutschland: die Wiedergutmachung oder auf
Hebräisch »Shilumim« (»Zahlungen«). Mit Ben-Gurions
Entscheidung akzeptierte Israel zähneknirschend das von
den Deutschen betriebene Narrativ, dass die große Mehrheit der Deutschen in der Nazizeit gegen den Holocaust
gewesen war. Das war ganz im Sinne von Bundeskanzler
Konrad Adenauer. Er verstand die moralische Verpflichtung gegenüber Israel anders als Angela Merkel: Für ihn
beinhaltete sie nicht gleichzeitig eine Anerkennung der

moralischen Verantwortung der Deutschen für die Nazi-Vergangenheit.

In seiner Regierungserklärung »Haltung der Bundesrepublik gegenüber den Juden« am 27. September 1951 vor dem Bundestag sprach Adenauer von dem »Leid, das (…) über die Juden in Deutschland und in den besetzten Gebieten gebracht wurde«, als seien es nicht die Deutschen gewesen, die das Leid gebracht und verübt hätten, sondern als sei Deutschland nur zufälliger Tatort. Tatsächlich, führt er aus, seien die Verbrechen auch nur »im Namen des deutschen Volkes« verübt worden, die Deutschen aber hätten in »überwiegender Mehrheit die an den Juden begangenen Verbrechen verabscheut und sich nicht an ihnen beteiligt«.[14]

Adenauer strickte damit an einer Legende, die so etwas wie die Lebenslüge dieser Generation war, die nicht nur Verantwortung, sondern direkt Schuld trug – und damit war es auch die Lebenslüge der noch jungen Bonner Republik: Nazis, das waren immer die anderen, eigentlich seien die Deutschen größtenteils gegen die Nazis gewesen, und der Name Deutschlands sei von Hitlers »Verbrecherbande« missbraucht worden. Die Bevölkerung wollte von all dem sowieso so wenig wie möglich wissen und war – im Gegensatz zur Politik – wenig gewillt, eine Entschädigung zu leisten: Im Jahr 1952 befürworteten nur 11 Prozent der Deutschen eine Wiedergutmachungszahlung von drei Milliarden Mark in Form von Waren.[15]

Der Kanzler stand mit dieser Sichtweise nicht allein. Adenauer hatte seine Erklärung vom 27. September 1951 dem Bundespräsidenten Theodor Heuss und allen Parteien, die im Bundestag vertreten waren, im Vorfeld zur

Stellungnahme zugeleitet. »Sie fand allgemein Billigung. Bundespräsident Heuss war besonders an dieser Frage interessiert«, notierte Adenauer später in seinen Memoiren.[16] Das Bundestagsprotokoll vermerkt »lebhaften Beifall im ganzen Hause außer bei der KPD und auf der äußersten Rechten«. Die folgenden Debattenbeiträge von SPD, CDU, FDP, DP, Zentrum und BP unterstützten Adenauers Erklärung ausdrücklich, am Ende erhoben sich laut Protokoll alle Abgeordneten auf Aufforderung von Bundestagspräsident Hermann Ehlers (CDU), als Zeichen des »Mitgefühl(s) für die Opfer« und um zu zeigen, dass man »gewillt ist, Folgerungen aus dem, was geschehen ist, zu ziehen«.

Der Konsens unter den Parteien war breit, weil es Betroffenheit ohne echtes Schuldbekenntnis war. Sowieso ging es den wenigsten im Bundestag um die moralische Schuld, die abgetragen werden sollte. Die Entschädigung der Juden und Israelis war ein Mittel, um das bundesdeutsche Ansehen in der Welt wiederherzustellen, das sprachen auch Wortbeiträge in der auf Adenauers Rede folgenden Debatte deutlich an. Heinrich von Brentano von der CDU, später Außenminister, ging es um die Achtung in der Welt, die davon abhänge, wie viel Achtung Deutschland den Juden entgegenbringe. Bernhard Reismann von der Zentrumspartei beklagte ein »erklärliches Ressentiment«, das »aus der Welt geschafft« werden müsse. Adenauer schrieb in seinen Memoiren wiederholt von »moralischer Verpflichtung« und »Ehrenpflicht« zu einer Entschädigung, aber er betonte vor allem die Notwendigkeit einer »großzügigen Geste«, die »weniger in ihrem materiellen Wert als vielmehr nach ihrer symbolhaften Bedeutung beurteilt werden müsse«.[17]

Die Wiedergutmachung an Israel und den Juden war gemäß Adenauer also vor allem ein Symbol, ein Vehikel, damit die Bundesrepublik Deutschland wieder ihren Platz unter den Nationen einnehmen konnte. Das entsprach der Erwartung der Besatzungsmächte: Der amerikanische High Commissioner John McCloy bezeichnete 1947 die Beziehung der Deutschen zu den Juden als »Lackmustest für die deutsche Demokratie«.[18]

Adenauer war klar: Wenn das Land erst die Anerkennung von jüdischer Seite und an erster Stelle von Israel hätte, wäre der Weg geöffnet zu weiterer selbstständiger Staatlichkeit der Bundesrepublik, zu einer Normalisierung, zu einem Ende des Paria-Status unter den Nationen. Es ging hier also gar nicht so sehr um die Juden und Israel, sondern um das Selbstbild eines demokratisierten, gewandelten Deutschlands: Entnazifizierung – geschafft. Der Historiker Frank Stern nannte diese Instrumentalisierung der Wiedergutmachung 1992 zutreffend »Whitewashing«, also das Reinwaschen Deutschlands von den Sünden der Naziregierung.[19] Darauf greift auch der Politikwissenschaftler Daniel Marwecki zurück, wenn er analysiert: »Israel wurde benutzt, aber trug auch selbst zum frühen Whitewashing der Bundesrepublik Deutschland bei. Am Ende des Tages war das der Preis, den Israel für deutsche Unterstützung bezahlte.«[20] Beide waren aufeinander angewiesen, notiert der Historiker Dominique Trimbur: »Westdeutschland brauchte Israel als Beweis für seine unerschütterliche Bindung an das demokratische Lager, der jüdische Staat brauchte Westdeutschland, um seiner Isolation im Nahen Osten zu entkommen und sich mit einem Partner mit wachsendem Einfluss in Westeuropa zu verbinden.«[21] Es wird also hochgestochen über Moral gesprochen, dabei geht es eigentlich um machtpolitisches Kalkül.

Kurioserweise gehörte eine formelle Anerkennung des Staates Israel nicht zu den Maßnahmen der Wiedergutmachung. Obwohl sich Israel schon 1956 um diplomatische Beziehungen mit Bonn bemühte, blieb Deutschland bis 1965 die einzige westliche Nation ohne diplomatische Repräsentanz in Tel Aviv.[22] Es bestand die Sorge, dass die Aufnahme diplomatischer Beziehungen zu Israel zu einer Anerkennung der DDR durch die arabischen Staaten führen würde. Das musste unbedingt verhindert werden, da sich die Bundesrepublik als einzige legitime Vertretung des deutschen Volkes sah und im Zuge dieses Anspruchs das Ziel hatte, die DDR außenpolitisch zu isolieren. Die Vorstellung, dass die Deutschen ein Jahrzehnt nach dem Holocaust die Aufnahme von diplomatischen Beziehungen zu Israel verweigerten, ist aus heutiger Sicht ein Skandal. Der Vorgang zeigt deutlich, dass moralische Argumente oft zum Einsatz kamen, wenn es politisch passte.

Das wurde auch 1959 bei einem Waffengeschäft deutlich: Die Bundesrepublik war dabei, wieder eigene militärische Streitkräfte aufzustellen, und irgendjemand kam auf die Idee, 50.000 »Uzi«-Maschinengewehre in Israel zu bestellen. Positiver Nebeneffekt: Es war ein Handel mit moralischer Fassade, dem sogar noch der Anstrich der Antisemitismusbekämpfung verliehen wurde. Eine dem Geist der Wehrmacht verpflichtete Armee würde nie Waffen bei Juden kaufen! »Die Uzi in der Hand deutscher Soldaten ist sicher besser als alle Broschüren gegen den Antisemitismus«, sagte der Journalist und Adenauer-Berater Rolf Vogel 1956 bereits zu Shimon Peres, damals Generaldirektor des israelischen Verteidigungsministeriums und enger Vertrauter von Ministerpräsident David Ben-Gurion.[23] Das Problem nur: Die Bundeswehr brauchte gar nicht so viele Uzis. Also verkaufte Deutschland 10.000 weiter an Portugal (damals eine Diktatur), das diese in seiner Kolonie Angola einsetzte, um die dortige Unabhängigkeitsbewegung niederzuschlagen – die »schlimmstmögliche Kombination«, wie der Historiker Yeshayahu Jelinek es formuliert.[24]

Bei der Wiedergutmachung und der Beziehung zwischen Deutschland und Israel ging es selten um Moral, Verpflichtung oder sogar Schuld, sondern vor allem um Realpolitik. Aber was ist das alles wert, wenn Israel wirklich einmal von außen bedroht wird? Gerade Krisenzeiten bieten eine gute Möglichkeit zu prüfen, wie Regierungen und Bevölkerung verschiedener Länder zueinander stehen. Wie war die Diskussion in Deutschland während des Sechstagekriegs 1967 und des Golfkriegs 1990/91?

Sechstagekrieg 1967

Die Zeit vor dem Sechstagekrieg war eine solche Bewährungsprobe. Diese Zeit nennt man in Israel »Wartezeit« (»Hamtana«), denn allen Beteiligten war klar, dass sich etwas zusammenbraute: Unter ägyptischem Druck zogen die UNO-Friedenstruppen vom Sinai ab, und Ägyptens Präsident Nasser, der damals als panarabischer Hoffnungsträger galt, schloss die Straße von Tiran, den Zugang zum Roten Meer. Israels arabische Nachbarstaaten zogen Truppen zusammen, ihre Politiker sprachen wiederholt von der geplanten »Vernichtung« Israels, und das ägyptische Radio kündigte auf Hebräisch an, man werde »die Juden ins Meer werfen«.[25] Es war unklar, wie der kommende Konflikt ausgehen würde, da die arabischen Armeen zahlenmäßig weit überlegen waren, und ob es vielleicht zu einem Ende des jüdischen Staats kommen könnte. Das waren auch die Sorgen meiner Eltern, als sie Kinder waren. Sie erzählten mir später, wie die Angst überall spürbar war. Es herrschte eine Stimmung, als ob ein zweiter Holocaust bevorstünde.

In der Bundesrepublik Deutschland stand man den Sorgen der Israelis wenig aufgeschlossen gegenüber. Am 12. Mai 1967 erst hatten die beiden Staaten diplomatische Beziehungen aufgenommen, was für die meisten Deutschen keine Priorität hatte: Noch 1965 waren nur 35 Prozent von ihnen für die Aufnahme von diplomatischen Beziehungen, 37 Prozent waren dagegen. Im Fall eines Angriffs der arabischen Nachbarn auf Israel wollten 75 Prozent lieber, dass Deutschland neutral bleibt, nur 10 Prozent waren der Meinung, Deutschland sollte sich auf die Seite Israels stellen. Und auch Waffenlieferungen an Israel sahen die meisten kritisch: 64 Prozent befürworteten den Lieferstopp von Waffen an Israel. Nur 11 Prozent billigten sie.[26] Als dann der Sechstagekrieg am 5. Juni mit einem Präventivschlag Israels begann, lautete die Devise der bundesdeutschen Politik: Raushalten. »Die Bundesregierung hat sich zu einer Politik der Nichteinmischung entschlossen, um einer Verschärfung des Konflikts vorzubeugen und sich eine Grundlage für ihre Mitwirkung an der Befriedung und positiven Entwicklung im Nahen Osten zu erhalten«, erklärte Bundeskanzler Kurt Georg Kiesinger (CDU) am 7. Juni 1967 im Bundestag.[27] Seine Rede endete mit einem Verweis auf das, was wirklich wichtig war: »Auf dem Hintergrund der jüngsten Geschichte unseres Volkes ist es wahrhaft tragisch, daß die Machthaber im anderen Teil Deutschlands durch ein in jeder Weise unverantwortliches Verhalten den Konflikt zu schüren versuchen. *(Beifall bei den Regierungsparteien.)* Sie tun dies offenbar nur, weil sie hoffen, im Elend und Grauen des Krieges, wenn die Einsichten durch Leidenschaften getrübt werden, einen Fetzen Anerkennung für ihr Regime erhalten zu können.« Die »jüngste Geschichte« Deutschlands ist also nicht etwa der Massenmord an den Juden, sondern die deutsche Teilung, und auch der Krieg in Israel wird genutzt, um der DDR einen Seitenhieb zu verpassen. Der Koalitionspartner unterstützte diesen Kurs. »Die sozialdemokratische Bundestagsfraktion begrüßt ausdrücklich die eben noch einmal von Herrn Kiesinger wiederholte Erklärung der Nichteinmischung der Bundesrepublik Deutschland«, erklärte der SPD-Fraktionsvorsitzende Helmut Schmidt (SPD). Kleine Einschränkung: »Sosehr uns an der traditionellen Freundschaft unseres Volkes mit den arabischen Völkern liegt, müssen wir uns gegen deren Absicht oder, sagen wir genauer: gegen die Absicht ihrer Führer verwahren, Israel zu vernichten.« Seine Begründung ist, »dass die Schaffung dieses Staates Israel durch eine Entscheidung der Vereinten Nationen gewollt und sanktioniert worden ist«. Und die Shoah? Tauchte immerhin andeutungsweise auf, eingebettet in eine Stichelei gegenüber der DDR: Schmidt sei »beschämt von der Tatsache, dass die offiziellen Reden und Äußerungen der Verantwortlichen im anderen Teil Deutschlands von der besonderen Verpflichtung, die wir Deutschen diesem Volk gegenüber haben, nichts, aber auch gar nichts spüren lassen«.

Das gesellschaftliche Klima gegenüber Israel erfuhr mit dem Sechstagekrieg allerdings eine rapide Wandlung. Im Juni 1967 erklärten 55 Prozent der Bevölkerung, sie seien auf der Seite Israels, nur 6 Prozent waren auf der Seite Ägyptens. Und nach dem Krieg waren 60 Prozent der Meinung, Israel solle das besetzte Ostjerusalem behalten.[28] Der israelische Botschafter in Bonn zu dieser Zeit, Asher Ben-Natan, berichtete stolz davon, wie schnell sich die öffentliche Meinung in Deutschland geändert habe. Endlich, so Ben-Natan, würden Israelis mit Charakterzügen beschrieben, die den Deutschen am Herzen lägen: »Mut, Tapferkeit, Fleiß und Zuverlässigkeit«.[29]

Interessanterweise entwickelte sich die Meinung der politischen Linken über Israel genau spiegelbildlich. Unter Linken war Israel bis 1967 beliebt, danach galt es als imperialistisch (siehe auch Kapitel 3).

Golfkrieg 1990/91

»Bitte stellen Sie sich einmal vor: Ein zweiter Holocaust mit dem jüdischen Volk würde stattfinden, und das deutsche Volk oder eine deutsche Regierung schaut stirnrunzelnd, auf die Verfassung verweisend, tatenlos zu.« So gefährlich schienen die Drohungen des irakischen Diktators Saddam Hussein gegen Israel, dass der CSU-Bundestagsabgeordnete Günther Müller den Bundestag im August 1990 vor nicht weniger als einer zweiten Shoah warnte.[30] In Müllers Darstellung war Hussein ein »Nationalsozialist«, seine sozialistische Baath-Partei habe »in ihrer Gesinnung sehr viel mit dem Nationalsozialismus gemein«.

Drohte Israel Anfang der 1990er-Jahre tatsächlich die Vernichtung? Nicht nur aus der heutigen Perspektive, sondern auch schon damals war klar, dass die Scud-Raketen aus Irak zwar Menschenleben kosten können und Zivilisten in Angst versetzen würden, eine existenzielle Gefahr für Israel jedoch nicht bestand.

Ich kann mich noch gut an diese Zeit erinnern: Wir bekamen Gasmasken und dichteten die Fenster und Türen unserer Wohnung mit Plastikfolie und Krepp-Klebeband ab – für den Fall eines Angriffs mit Giftgas. Als die Sirenen uns zum ersten Mal in der Mitte der Nacht aus dem Schlaf rissen, setzten wir die Gasmasken auf und schalteten das Fernsehen an. Dort riet der Armeesprecher der Bevölkerung, zur Beruhigung Wasser zu trinken. Mehr gab es nicht zu tun. Letztendlich trafen insgesamt 43 Raketen Israel, der Schaden war jedoch relativ überschaubar: 14 Todesfälle – die meisten von ihnen nicht direkt durch den Beschuss, die Menschen erstickten vielmehr bei der falschen Verwendung der Gasmasken.

Der Gestus, Israel vor einem »zweiten Holocaust« zu retten und dabei den »Arabern« die Rolle der neuen Nazis zuzuweisen, ist seit Jahrzehnten ein gängiges Muster in der Rhetorik deutscher Politiker.

Die Angelegenheit wird noch skurriler, wenn man bedenkt, dass es deutsche Firmen waren, die dem Irak beim Aufbau von Chemiewaffen und Raketentechnik geholfen hatten. Dass deutsches Gas Juden bedrohte, weckte ungute Parallelen zum Holocaust. In Israel war es den Menschen gegenwärtig, in Deutschland nicht ganz so sehr – in einer Umfrage 1991 erklärten 55 Prozent, sie würden sich dafür schämen, dass Israel mit deutschem Giftgas bedroht werde.[31]

Im April 1992 mussten sich zehn deutsche Manager vor dem Landgericht Darmstadt wegen der Beteiligung der Firmen Karl Kolb und Pilot Plant aus dem hessischen Dreieich sowie der Hamburger Water Engineering Trading (W. E. T.) am Aufbau der irakischen Anlagen zur Giftgasproduktion verantworten. Auch die Preussag taucht im Zusammenhang mit Giftgas-Vorwürfen auf; noch im Jahr 2018 verklagten Angehörige der Opfer des irakischen Giftgasangriffs auf das kurdische Dorf Halabdscha den Preussag-Rechtsnachfolger TUI auf Schadensersatz.[32] Die TUI stritt ihre Verantwortung ab, auch 1992 konnten die Manager erfolgreich beteuern, ihre Lieferungen seien nur zur Herstellung von Pflanzenschutzmitteln gedacht gewesen, nicht von Giftgas wie Senfgas, Sarin, Soman oder Tabun. »Wir stellen Mittel gegen Ungeziefer her – gegen Wanzen, Flöhe, Heuschrecken, Perser, Israelis«, zitiert dagegen das Nachrichtenmagazin *Der Spiegel* im Jahr 1992 einen Mitarbeiter der irakischen Anlagen.[33] Vor Gericht zog die Argumentation dennoch – sieben Manager wurden freigesprochen, unter anderem wegen Verjährung, drei zu Bewährungsstrafen verurteilt.

Dabei war Deutschlands Verwicklung in den Krieg alles andere als ein Geheimnis. So mahnte der damalige SPD-Fraktionsvorsitzende Hans-Jochen Vogel anlässlich des Golfkriegs am 31. Januar 1991 im Bundestag, Deutschland habe besondere Verantwortung gegenüber Israel, da es zuvor Saddam Husseins Irak unterstützt habe, »nicht nur bei der Gasproduktion, sondern auch bei der Veränderung der Raketen, damit sie eine Reichweite von 800 Kilometern haben«.[34]

U-Boote für Israel

Dass Politik und Firmen bei der Vertuschung von Rüstungsexporten erfinderisch sind, gilt nicht nur für irakische Giftgasfabriken, sondern auch für viele Rüstungsgeschäfte, die zur militärischen Unterstützung Israels dienen. Eine besondere Rolle nehmen dabei die U-Boote ein, die Deutschland in den vergangenen 30 Jahren lieferte.

Wegen der irakischen Bedrohung versprach Kanzler Helmut Kohl Israel im Golfkrieg drei U-Boote. Diese großzügige Geste war nur der Anfang: Seitdem wurden dem kleinen Staat sechs Stück geliefert. Zuletzt wurde Anfang 2022 die Lieferung von drei U-Booten der neuen »Dakar«-Klasse vereinbart – obwohl das israelische Militär die Notwendigkeit so vieler U-Boote stets bestritt und die steigenden Wartungskosten beklagte.[35]

Deutschland brüstete sich dagegen mit der Sicherung der israelischen Existenz, führte also bei seinen Geschäften wieder Moral und Verantwortung ins Feld. Dabei hatte es auch wirtschaftliche Interessen: Das Bundesverteidigungsministerium wollte deutsche U-Boot-Technik entwickeln und testen, bis es selbst für die Bundeswehr neue U-Boote kaufen konnte.[36] Was als Handeln aus moralischer Verantwortung präsentiert wurde, diente nicht zuletzt den wirtschaftlichen Interessen deutscher Rüstungskonzerne. Mal wieder.

Heute gilt als erwiesen, dass das deutsche Unternehmen ThyssenKrupp im Umfeld des damaligen und heutigen Ministerpräsidenten Benjamin Netanjahu Überzeugungsarbeit in Millionenhöhe leistete, um ihn zum Kauf der vom deutschen Staat subventionierten U-Boote zu bewegen. Ob es Korruption beim Erwerb des siebten, achten und neunten U-Boots gegeben hat, wird aktuell vor israelischen Gerichten verhandelt, wo gegen sieben der Beteiligten bereits Anklage erhoben wurde. Unter den Angeklagten ist der Repräsentant von ThyssenKrupp in Israel, Miki Ganor. Zudem hat das israelische Kabinett im Januar 2022 einen unabhängigen Untersuchungsausschuss berufen, um der Frage nachzugehen, wie die U-Boot-Deals zwischen 2009 und 2016 zustande kamen.[37] Die U-Boot-Affäre steht exemplarisch für die deutsch-israelischen Verhältnisse: Hinter der Fassade der staatstragenden Moral arbeiten Lobbygruppen in beiden Ländern daran, ihre Interessen durchzusetzen.

Die deutsch-israelischen Beziehungen sind seit Adenauer und Ben-Gurion ein Projekt der Eliten – Gleiches gilt für die postulierte Staatsräson. In der Politik herrscht ein Konsens, der sich von der Linkspartei bis zur AfD erstreckt. In der deutschen Bevölkerung sieht es jedoch deutlich anders aus. Seit Jahren zeigen Umfragen, dass die Verpflichtung der deutschen Politik zu Israels Sicherheit von weiten Teilen der Bevölkerung nicht geteilt wird. 2022 stimmten nur 27 Prozent der Deutschen der Aussage zu: »Vor dem Hintergrund der Geschichte des Nationalsozialismus hat das heutige Deutschland eine besondere Verantwortung für Israel.«[38] Auch ältere Umfragen zeigen, dass Israel in der Gesamtbevölkerung nie besonders beliebt war: Auf die Frage »Mit welchen von diesen Ländern sollten wir möglichst eng zusammenarbeiten?« landete Israel in den Fünfziger- und Sechzigerjahren immer auf dem letzten Platz.[39] Erst 1972 wuchs das Interesse, eng mit Israel zusammenzuarbeiten, auf 25 Prozent und 1974 auf 27 Prozent.[40] 1983 waren lediglich 18 Prozent der Meinung, dass wegen der deutschen »Schuld« besondere freundliche Beziehungen zu Israel gepflegt werden sollen.[41] 2001 wurde gefragt, welches Land besonders sympathisch sei – Israel landete mit 2 Prozent ganz unten zwischen China und Iran.[42]

Prägende Gestalten:
Axel Springer und Günter Grass

Über die Jahre habe ich viele Menschen in Deutschland kennengelernt, deren Liebe zu Israel oder Hass auf das Land kaum rational zu erklären war. Ich erinnere mich an ein Gespräch mit einem Israelfan, der sein Unverständnis zum Ausdruck brachte, dass Israelis in Deutschland leben: »Ihr habt doch 2.000 Jahre auf einen eigenen Staat gewartet und so ein tolles Land aufgebaut!« Und so wird die Debatte über die Staatsräson beziehungsweise darüber, wie die Deutschen gegenüber Israel zu handeln, denken oder fühlen haben, auf sehr verschiedenen gesellschaftlichen Ebenen geführt. Dafür waren immer wieder auch einzelne Personen einflussreiche Richtungsgeber. Zwei prominente Beispiele sind Axel Springer und Günter Grass. Für beide ist das Land Projektionsfläche für die Auseinandersetzung mit der eigenen Geschichte und Identität.

»Wir unterstützen das jüdische Volk und das Existenzrecht des Staates Israel«[43] ist einer der Grundsätze des Axel-Springer-Verlags, die Redakteure als Teil ihrer Verträge unterschreiben. Dies geht auf den Gründer Axel Springer zurück. Der Unternehmer besuchte zweimal jährlich Israel und küsste angeblich jedes Mal den Boden, wenn er in Tel

Aviv eintraf.[44] In seiner Haltung ging es Axel Springer um das Abtragen von Schuld, die Deutschland in der Nazizeit auf sich geladen hatte. »Ich weiß, die unaussprechlichen Dinge, die getan worden sind, können nicht ungeschehen gemacht werden. Sie können auch nicht überwunden werden«, erklärte Springer in einer Rede vor dem Overseas Press Club in New York 1969.[45] »Nur eines bleibt: die historische Gelegenheit zu nutzen, die der Herr der Geschichte dem deutschen Volk offensichtlich gewährt: die Gelegenheit, fest an der Seite des Staates Israel zu stehen, jenes Staates, den die Kinder und Brüder der von den Deutschen Ermordeten aufgebaut haben.«

Konkret bedeutet die Maxime, dass die Springer-Medien Berichten über Prozesse gegen Nazi-Verbrechen besonderen Platz einräumten, etwa dem Eichmann-Prozess in Jerusalem 1961 oder den Frankfurter Auschwitz-Prozessen ab 1963.[46] Auch die israelfreundliche Berichterstattung rund um den Sechstagekrieg 1967 mag dazu beigetragen haben, dass die öffentliche Meinung in Deutschland zu einer Unterstützung Israels umschwenkte (siehe oben). In dieser Zeit bekämpfte der Axel-Springer-Verlag erbittert die Studentenbewegung um Rudi Dutschke (und vice versa). In der Springer-Tageszeitung *Die Welt* wurde versucht, die Studentenbewegung als antisemitisch darzustellen: dass die Studierenden Axel Springer als Feindbild hätten, sei nicht begründet in der einseitigen Berichterstattung über die Ereignisse, die der Erschießung Benno Ohnesorgs im selben Jahr vorangingen, sondern wegen seiner proisraelischen Positionen.[47]

Fast vierzig Jahre nach dem Tod von Axel Springer geht das Verlagshaus den Kampf gegen Antisemitismus ausnehmend einseitig und interessegeleitet an. Gerade das Anprangern von Antisemitismus in der Linken und unter Muslimen passt zur Agenda des Verlags. In Fällen von Antisemitismus in konservativen Kreisen zeigt sich der Springer-Verlag oft kulanter. Wenn Rechtskonservative wie der frühere Präsident des Bundesamtes für Verfassungsschutz Hans-Georg Maaßen klassische antisemitische Stereotype verwenden, sind meist andere Medien vorn.[48] Wenn Linke in Berlin-Grunewald für die Enteignung großer Immobilienkonzerne demonstrieren, schlägt *Welt*-Chefredakteur Ulf Poschardt jedoch Antisemitismus-Alarm: »Der Grunewald war ein sehr jüdisches Viertel, das ›Enteignen first, Bedenken second‹ gab es schon mal: zwischen 1933 und 1945.«[49] Poschardt stellt die Villenbesitzer quasi als die neuen Juden dar und bedient dabei das Klischee, Juden seien reich. So einfach kippt das Versprechen der Springer-Presse, gegen Antisemitismus zu kämpfen, in die Reproduktion von antisemitischen Bildern und Geschichtsrevisionismus.

Dass auch deutsche Intellektuelle nicht immer eine rationale Beziehung zu Israel pflegen, zeigt besonders eindrücklich das Beispiel von Günter Grass. In seinen jüngeren Jahren hatte der Schriftsteller noch – als Mitglied der Gruppe 47 – die Analogie zwischen Arabern und Nazis vertreten. 1967 unterzeichnete er einen Aufruf, in dem die Absicht der arabischen Staaten, Israel zu vernichten, als »die gleiche Politik des Ausradierens, die Hitler betrieb«, beschrieben wurde.[50] Grass bezeichnete sich als Freund Israels. Es ist bemerkenswert, dass ein Intellektueller eine solche undifferenzierte Position gegenüber den arabischen Staaten vertrat. Diese Position ging Hand in Hand mit unreflektierten Äußerungen über den deutschen Umgang mit der Vergangenheit: 1967, bei einer Lesung in Tel Aviv, empörte er sich, dass der »Antisemitismus der Eltern … den Kindern zum gegenstandslosen Philosemitismus« geraten sei. Auschwitz relativierend, sagte der deutsche Schriftsteller: »Kaum eine europäische Nation hat es gegeben, die sich nicht zeitweilig das Verbrechen zum politischen Verbündeten gewählt hatte.« Sein zweiter Besuch fand vier Jahre später statt: Er nahm an der »Deutschen Kulturwoche« in Jerusalem teil. Irgendjemand hatte ausgerechnet am Abend des 9. Novembers – also dem Jahrestag der Reichspogromnacht 1938 – eine Lesung von Grass an der Hebräischen Universität in Jerusalem terminiert. Mehrere Studierende protestierten dagegen. Die Demonstranten warfen den Organisatoren vor, die Veranstaltung an diesem symbolischen Datum leiste dem Vergessen Vorschub. Laut der Tageszeitung *Ma'ariv* wurde Grass mit einem Ei beworfen und gleich zu Beginn der Lesung sprang ein junger Mann auf die Bühne. Die Lesung wurde dann mehrmals durch Zwischenrufe aus dem Publikum unterbrochen.[51] Die Lesung ausgerechnet am 9. November zu veranstalten, sei ein »eklatanter Fehler« gewesen, stellte der damalige Gewerkschaftssekretär Yitzhak Ben-Ahron im Gespräch mit Grass eine Woche später fest.[52] Diese Erfahrung hat wohl einen grundlegenden Gesinnungswandel bei Grass herbeigeführt. Er verkündete, das Land niemals mehr besuchen zu wollen. In einem *Spiegel*-Interview von Oktober 2001 gerierte er sich trotzdem als Israelfreund – als Begründung für seine scharfe Kritik an dem Staat: »Es ist für mich auch ein Freundschaftsbeweis Israel gegenüber, dass ich es mir erlaube, das Land zu kritisieren, weil ich ihm helfen will.«[53]

2012 hielt er es nicht mal mehr für erforderlich, dieses Lippenbekenntnis zu liefern: Nun waren die Israelis die Täter schlechthin, die Opfer waren die Iraner (und implizit die Deutschen, aufgrund ihrer »Herkunft« zum Schweigen verdammt). »Die Atommacht Israel gefährdet den ohnehin brüchigen Weltfrieden«, schrieb Grass, »mit letzter Tinte« im politischen Gedicht »Was gesagt werden muss«, das am 4. April 2012 in den Tageszeitungen *Süddeutsche Zeitung, La Repubblica* und *El País* veröffentlicht wurde. Israel plane den »Erstschlag« und wolle das iranische Volk »auslöschen«. Grass schrieb, er wolle nicht mehr schweigen, er sei der »Heuchelei des Westens überdrüssig«.

Grass legte also die nazideutsche Schablone auf Israel: Wie Nazi-Deutschland die Vernichtung des jüdischen Volkes vollziehen wollte, so strebe nun Israel die Vernichtung des iranischen Volkes an. Folglich hätten die Deutschen nicht länger eine besondere Verantwortung für die Opfer ihrer Verbrechen. Viel mehr als das: In Grass' Vorstellung wussten ausgerechnet die Deutschen besser, wer Verbrecher war, weil sie selbst einst welche gewesen waren.

In der *FAZ* diagnostizierte Herausgeber Frank Schirrmacher, Günter Grass gehöre einer »sich moralisch lebenslang gekränkt fühlenden Generation« an, es gehe ihm vor allem darum, dass er als »fünfundachtzigjähriger Mann seinen Frieden mit der eigenen Biographie machen kann«.[54] Es ist nicht zu übersehen, dass bei Grass der Blick auf Israel vor allem durch die Frage geprägt ist: Wer ist der (wahre) Täter? Wer sind die Opfer? Grass selbst hatte jahrzehntelang seine eigene Rolle als Soldat in der Waffen-SS verschwiegen. Erst 2006 gab er das in einem Interview zu – und beteuerte, als Waffen-SS-Mann keine einzige Patrone abgefeuert zu haben, sondern nur für das Nachladen zuständig gewesen zu sein. Man sollte vielleicht dem siebzehnjährigen Grass nachsehen, dass er bei der Waffen-SS gedient hat. Es ist aber dem neunundsiebzigjährigen Grass sehr wohl vorzuwerfen, diese Tatsache jahrzehntelang verschwiegen zu haben. Der späte Zeitpunkt seines Geständnisses stand im Widerspruch zu seinen sonstigen moralischen Ansprüchen, die er auch an andere stellte.

Womöglich fühlte er sich selbst als spätes NS-Opfer, als Opfer seiner eigenen Biografie. Und auch damit steht er paradigmatisch für eine ganze Generation: »Die Deutschen werden den Juden Auschwitz nie verzeihen«, analysierte treffend der israelische Psychologe Zvi Rex: Israel ist und bleibt die Projektionsfläche deutscher Befindlichkeiten.

Das Israelkalkül der AfD

Zu einer Veranstaltung der AfD-Fraktion im Bundestag am 1. Februar 2018 war ein außergewöhnlicher Gast geladen: der frühere israelische Minister Rafi Eitan. Der ehemalige Geheimdienstmitarbeiter, der ein Jahr später starb, wurde von der AfD stolz als der Operationsleiter angekündigt, der Adolf Eichmann in Argentinien verhaftet hatte. In Israel war er umstritten, unter anderem, weil er 1946 in Palästina als Araber verkleidet zwei deutsche Zivilisten des Templerordens ermordet hatte, wie er in seiner Autobiografie berichtete: »Tötung von Deutschen, viele von ihnen Ex-Nazis, galt bei uns als Gebot.«[55]

In der AfD-Veranstaltung hatte Eitan seine Ressentiments gegenüber Deutschen offenbar überwunden. Er wünschte der AfD viel Erfolg, lobte den politischen Ansatz der AfD »zur Sicherung der Grenzen« und drückte seine Hoffnung aus, dass »die AfD nicht nur eine Alternative für Deutschland sein wird, sondern eine Alternative für Europa«. Der Anlass für die Einladung war eine Sondersitzung der AfD-Bundestagsfraktion zum »Kampf gegen Antisemitismus«. Tatsächlich ging es weniger um Antisemitismus, sondern vielmehr um »das Problem mit Muslimen und Migranten«. So forderte Eitan in der Veranstaltung Deutschland auf, »die Grenzen zu schließen und die muslimische Masseneinwanderung nach Europa zu stoppen«. Der damalige AfD-Fraktionschef Alexander Gauland machte keinen Hehl daraus, dass die Unterstützung aus Israel seiner Partei als Legitimation diene: »Es zeigt wieder einmal, dass wir als AfD auf dem richtigen Weg sind.«[56]

Gauland als Israelfan? Das war nicht immer so. In einer Rede am Tag nach der Bundestagswahl 2017, die vor allem mit seiner Ankündigung in Erinnerung blieb, man werde Kanzlerin Merkel »jagen«, nahm Gauland auch Bezug auf Israel. Zwar stehe man an der Seite Israels, aber es sei fraglich, ob das Existenzrecht des jüdischen Staates zur deutschen Staatsräson gehören müsse.[57] In einem Interview mit der *Frankfurter Allgemeinen Zeitung* legte Gauland nach: »Wenn ich sage, die Sicherheit Israels gehört zur Staatsräson, muss ich bereit sein, da im Ernstfall deutsche Soldaten hinzuschicken. Ich habe meine Probleme damit, mir vorzustellen, dass diese deutsche Gesellschaft wirklich weiß, was das bedeutet.«[58]

Damit erntete Gauland nicht nur Kritik aus anderen Parteien und vom Zentralrat der Juden in Deutschland, sondern auch aus eigenen Reihen. Der damalige nord-rhein-westfälische AfD-Vorsitzende Marcus Pretzell sagte: »Dass das Existenzrecht Israels zur deutschen Staatsräson gehört, ist eine Selbstverständlichkeit.« Israel sei im Nahen Osten der einzig verlässliche Partner, da müsse man sich klar positionieren.[59]

Und so änderte Gauland seine Strategie nach einem Jahr im Bundestag. Statt Kritik an der Staatsräson nutzte er die Verbundenheit mit Israel für seine eigenen Zwecke: um antimuslimische Ressentiments zu schüren. Im Bundestag erklärte er, dass »die Existenzsicherung Israels am Brandenburger Tor beginnt. Wer den Davidstern verbrennt und Kippa-Träger angreift, hat das Gastrecht in diesem Lande missbraucht und damit eben auch verwirkt.«[60] Wohlgemerkt stellt er dabei Antisemitismus als Phänomen dar, das besonders unter Migranten verbreitet sei. Gaulands Rede war auch in der AfD umstritten. Die Ablehnung von Antisemitismus wird zwar offiziell von der Parteiführung immer wieder beschworen, antisemitische Einstellungen sind dennoch unter den Wählern der AfD besonders stark verbreitet.[61] Im November 2019 kam eine Forsa-Umfrage zu dem Ergebnis, dass antisemitisches Gedankengut unter den Anhängern keiner anderen Bundestagspartei so populär ist wie unter denen der AfD. 2.500 Menschen wurden befragt, zwei Prozent von ihnen hielten den Holocaust für »Propaganda der Siegermächte« – unter AfD-Wählern waren es 15 Prozent. Eine Allensbach-Umfrage vom Juni 2018 fragte, ob »die Juden zu viel Einfluss auf der Welt« hätten – 55 Prozent der AfD-Wähler stimmten zu, unter Anhängern anderer Parteien waren es nur 16 bis 20 Prozent. 2021 kam eine Studie des American Jewish Committee (AJC) zum Schluss, dass Antisemitismus zum »programmatischen Kern« der AfD gehöre und die gezeigte Solidarität mit Israel nur vorgeschoben sei.[62]

Diese vorgeschobene Verbundenheit mit Israel nutzt der AfD also auf der ganz eigenen Ebene. »Die AfD ist *die* Partei der Freunde Israels in diesem Parlament«, erklärte der AfD-Abgeordnete Jürgen Braun in der Debatte zum Thema BDS am 17. Mai 2019.[63] Sein Fraktionskollege Anton Friesen suchte wiederholt den Schulterschluss mit rechten Parteien Israels, er bezeichnete das Westjordanland in einer Bundestagsdebatte in ihrem Sinne als »Judäa und Samaria«.[64] Die nationalkonservative Politik Benjamin Netanjahus sei ein Pendant zu den Zielen der AfD. »Der jüdische Staat betreibt eine national gesinnte, realistische Politik; Deutschland betreibt einen irrationalen Wertefundamentalismus, der sich Außenpolitik nennt«, sagte er in derselben Debatte.

Gleichzeitig pflegen israelische Nationalrechte gute Kontakte in die AfD-Spitze, etwa zur damaligen Parteichefin Frauke Petry, die mehrmals zu inoffiziellen Treffen nach Israel fuhr, an denen auch Vertreter von Netanjahus Likud-Partei teilnahmen.[65] Die stellvertretende AfD-Fraktionsvorsitzende Beatrix von Storch veröffentlichte 2019 einen Text auf der Nachrichtenseite des der Siedlerbewegung nahestehenden israelischen Internet-Radiosenders »Arutz Sheva«.[66]

Was die deutschen Rechtspopulisten an Israel neben einem weitverbreiteten Nationalismus auch schätzen: wie dort angeblich mit Arabern und dem Islam umgegangen wird. Hier könne Deutschland »von Israel lernen«, sagte

2018 der damalige AfD-Spitzenpolitiker Marcus Pretzell. Und der damalige stellvertretende AfD-Vorsitzende Georg Pazderski sekundierte: »Deutschland sollte sich ein Vorbild an Israel nehmen, die Grenzen sichern und konsequent abschieben.« Damit habe das Land »jahrzehntelange Erfahrung gemacht«.[67] Das Israelbild ist dabei äußerst selektiv: Dass islamische Feiertage in Israel geachtet werden oder dass muslimische Lehrerinnen in Israel das Hidschab tragen dürfen, empfänden diese Politiker wohl kaum als vorbildlich.

So lässt sich mit der Unterstützung für Israel auch der Kampf gegen den Islam befeuern. »Der islamische Terror und der Islamismus sind die Feinde Deutschlands, Israels und Europas. Der Einfluss der Islamlobby in der EU muss ein Ende haben«, erklärte Beatrix von Storch am 30. Januar 2020 im Bundestag.[68]

Das funktioniert auch in Deutschland: Als es im Mai 2021 in Gelsenkirchen vor einer Synagoge zu einer Demonstration mit judenfeindlichen Sprechchören kam, gerierte sich die AfD mal wieder als Vorkämpferin gegen Antisemitismus. »Unsere unverbrüchliche Solidarität gilt in diesen Tagen mehr denn je Israel, wie den vielen jüdischen Menschen hier in Europa«, erklärte der damalige Parteichef Jörg Meuthen im EU-Parlament,[69] und Beatrix von Storch wusste gleich, wer die Schuld trug: »Mit ihrer Einwanderungspolitik haben sie Judenhass aus dem Nahen Osten nach Deutschland importiert.«

Judenfeindlich, das sind immer die anderen. Das sind die Muslime, die geflüchteten Syrer, die Nachfahren der türkischen Gastarbeiter, die sich alle nicht integrieren wollen, die nicht nach Deutschland gehören. Zum weitverbreiteten Antisemitismus in der nicht migrantischen Mehrheitsgesellschaft findet die AfD keine Worte.

Es ist eine Taktik, die die AfD auch auf anderen Politikfeldern anwendet: Wenn es gegen Muslime und den Islam geht, entdeckt sie auf einmal den Schutz der Minderheiten, von Frauen bis Homosexuellen. Es gibt sogar entsprechende Parteigruppierungen, etwa seit 2018 die innerparteiliche Vereinigung »Juden in der AfD« sowie die »Alternativen Homosexuellen«.[70]

Jedenfalls ist es eine Ironie der Geschichte, dass sich mehr als 75 Jahre nach dem Holocaust rechte Israelis und rechte Deutsche zusammenfinden, um gemeinsam gegen Muslime und andere Geflüchtete zu agitieren.

Ein Ende der Staatsräson?

Dass die AfD der »Staatsräson« anhängt, heißt nicht unbedingt, dass diese schlecht ist. Dennoch müssen wir uns kritisch die Frage stellen, ob in Zeiten, in denen in Jerusalem rechtsextremistische Minister im Amt sind, das Konzept noch tragbar ist. Zu lange hat die deutsche Politik trotz der besorgniserregenden politischen Entwicklungen in der israelischen Gesellschaft alle Augen zugedrückt. Noch schlimmer, immer wieder unterstützte sie sogar Narrative, die Palästinenser als die neuen Nazis darstellen. Im Jahr 2020 flogen israelische F-16-Kampfjets zusammen mit deutschen Eurofightern über das ehemalige Konzentrationslager Dachau und das Flugfeld Fürstenfeldbruck, wo 1972 das Olympiaattentat sein Ende gefunden hatte, bei dem palästinensische Terroristen elf israelische Sportler und einen deutschen Polizisten ermordet hatten. Die gemeinsame Übung sollte deutsch-israelische Verbundenheit symbolisieren; die damalige Verteidigungsministerin Annegret Kramp-Karrenbauer (CDU) sprach von einem »sehr persönlichen Moment«.

Worin der Mehrwert dieses Manövers für die israelische (oder deutsche) Sicherheit lag, bleibt jedoch unklar, und auch der symbolische Wert der Flugroute ist bei näherer Ansicht fragwürdig: Umstandslos wird hier palästinensischer Terror auf eine Stufe mit dem Holocaust gestellt. Das hat einen durchaus revisionistischen Beigeschmack: als wären die Palästinenser die natürlichen Erben der Nazis.

Das folgte einem gängigen Muster: Schon im Eichmannprozess 1961 hat Hannah Arendt beobachtet, wie die Analogie zwischen den Arabern und den Nazis als staatlich gesteuertes Entlastungsnarrativ funktioniert. In ihrem Buch »Eichmann in Jerusalem« bemerkt sie kritisch, dass Adenauers Vertrauter Hans Globke »den Vorrang vor dem ehemaligen Mufti von Jerusalem haben (soll), wenn man die Leidensgeschichte der Juden unter dem Naziregime gerichtsnotorisch machen wollte«.[71]

So basierten die »besonderen Beziehungen« zwischen Deutschland und Israel von Beginn an auf einer impliziten Verharmlosung der Shoah. Jede Seite profitierte: Israel konnte seine arabischen Feinde delegitimieren, und Deutschland musste sich nicht mit der fehlenden Aufarbeitung seiner NS-Vergangenheit auseinandersetzen. Dass diese Formel auch heute funktioniert, zeigt die gut gemeinte Aktion des deutsch-israelischen Militärmanövers über Dachau und Fürstenfeldbruck.

Wir müssen uns der Frage stellen, was Solidarität mit Israel heute bedeutet. Die deutsche Politik kann auf Dauer schwerlich an Merkels Konzept der Staatsräson festhalten. Die Bedeutung einer Selbstverpflichtung des deutschen Staates ist kaum zu überschätzen. Sie ist aber weder gesetzlich verankert noch von der Bevölkerung legitimiert. Angela Merkel und weitere deutsche offizielle Amtsträger haben den deutschen Staat auf die Sicherheit eines anderen Staates verpflichtet. Ausgelassen wurde die Frage, was Israel tun oder unterlassen solle, damit diese Garantie in Zukunft bestehen kann. Das Versprechen wurde nicht einmal an Bedingungen geknüpft, wie etwa an das Fortbestehen der israelischen Demokratie. Im Jahr 2008 war es vermutlich nicht vorstellbar, dass diese so fragil ist. Als Israeli hat mich Merkels Rede damals gerührt. Heute blicke ich mit Angst auf die politischen Entwicklungen in Israel und stelle fest, dass die größten Gefahren für die Sicherheit des Landes nicht nur von den arabischen Nachbarländern ausgehen, sondern auch und ganz besonders vom Aufstieg des religiösen Nationalismus, von der Intoleranz und Demokratiefeindlichkeit in der israelischen Gesellschaft selbst. Wie kann eine deutsche Staatsräson für Israels Sicherheit das Land vor der Gefahr der demokratischen Selbstzerstörung schützen?

Drei Buchstaben mit Schlagkraft

Der BDS-Streit

Als Anfang der Neunziger die ersten Bioprodukte in israelischen Supermärkten auftauchten, wollten meine Eltern diese Neuheiten sofort ausprobieren. Eine ihrer ersten Trophäen war ein in Plastik gewickelter Salatkopf mit dem Aufdruck »Biologisch. Ohne Chemikalien«. Sofort entflammte ein Familienstreit: Das Gemüse war zwar ökologisch erzeugt – aber im israelischen Siedlungsblock Gusch Katif im Gazastreifen angebaut worden. Ich kann mich noch lebhaft erinnern, wie ich meine Eltern zu überzeugen versuchte, Siedlungsprodukte zu boykottieren – mit mäßigem Erfolg.

Israelische Siedler gibt es im Gazastreifen keine mehr. 2005 ließ der damalige Ministerpräsident Ariel Scharon alle israelischen Vorposten dort räumen. Mein persönlicher Boykott aber geht trotz des Rückzugs weiter: Auch die restlichen Siedlungen in den von Israel besetzten Gebieten im Westjordanland möchte ich nicht mit meinen Einkäufen unterstützen.

Die BDS-Bewegung propagiert den Boykott ebenfalls als wirkungsvolles Mittel gegen die israelische Besatzungspolitik. Der erste der drei Buchstaben steht für dieses Ziel: »**B**oykott, **D**esinvestment und **S**anktionen« heißt BDS ausgeschrieben. Das sind auch die drei wesentlichen Strategien und Forderungen des Netzwerks, das 2005 von verschiedenen palästinensischen NGOs gegründet wurde. Seitdem ist es zu einer mächtigen antiisraelischen Kampagne angewachsen und auch in der deutschen Öffentlichkeit allgegenwärtig – selbst wenn sich die Aktionen hier fast nur im Kulturbereich abspielen. In die Schlagzeilen geschafft haben es zum Beispiel die wiederholten Boykottaufrufe gegen das Berliner Pop-Kultur-Festival.[1] Gegner der Bewegung versuchten zu verhindern, dass BDS-nahe Künstler in populären Musikclubs wie dem About Blank oder dem Golden Pudel Club auftreten.[2]

Nicht der erste Boykott gegen Israel

Bei der Leidenschaft, mit der manche Deutschen über die BDS-Bewegung streiten, könnte man meinen, die Idee, Israel zu boykottieren, sei etwas Unerhörtes, nie Dagewesenes. Dabei sind entsprechende Aufrufe und tatsächliche Boykotte seit Langem Teil des Kampfes der arabischen Staaten gegen Israel. Im Grunde ging es ihnen in vielen internationalen Konflikten auch darum, Israel ökonomisch zu schwächen – etwa in der Suezkanalkrise 1956 oder in der Ölkrise 1973. Zu den Zielen arabischer Staaten gehörte, die sogenannte westliche Welt zu zwingen, sich dem arabischen Boykott Israels anzuschließen.

In einigen Bereichen hat das funktioniert. In meiner Kindheit im Israel der 1980er-Jahre war zum Beispiel jedes zweite Familienauto ein Subaru, da alle anderen japanischen Autofirmen nicht nach Israel exportierten, um die zahlenmäßig wichtigere Kundschaft in der arabischen Welt nicht zu verprellen. Europäische Autos waren zu haben – aber viel zu teuer für Eltern mit einem Durchschnittsgehalt. Auch einige US-amerikanische Firmen wie Pepsi mieden den israelischen Markt. Der Fast-Food-Konzern McDonald's wagte sich erst im Oktober 1993 nach Israel. Ich erinnere mich noch gut daran. Damals war ich in der elften Klasse und die Eröffnung der ersten Filiale mit dem goldenen »M« kam mir vor wie die einer ausländischen Botschaft – die endgültige diplomatische Anerkennung Israels durch den globalisierten Konzernkapitalismus.

Immerhin: Israel hat den weltweit längsten und umfassendsten Boykott gegen einen Staat erfolgreich überstanden. Mit dem Einzug der internationalen Konzerne in den israelischen Markt in den 1990ern wurde deutlich, dass die Bestrebungen der Arabischen Liga, den Niedergang Israels durch Boykott zu erreichen, gescheitert waren.

BDS: Neue Bewegung, alte Idee

Rund ein Jahrzehnt später griff eine zivilgesellschaftliche Bewegung die Boykottidee wieder auf. Ihr Name: BDS. Die Anfänge reichen zurück bis zur UN-Konferenz gegen Rassismus 2001 im südafrikanischen Durban. In der Abschlusserklärung ihres NGO-Forums wurde Israel als ›rassistischer Apartheidsstaat‹ angeprangert und eine ›internationale Anti-Israel-Apartheidsbewegung‹ ausgerufen.

In den folgenden Jahren gab es weltweit – insbesondere in England und den USA – Versuche, Boykotte gegen kulturelle und akademische Institutionen in Israel zu verhängen. Treibende Kraft dahinter war Omar Barghouti, ein 1964 in Katar geborener Palästinenser. Der Boykott Israels ist laut Barghouti »eine dringende politische Notwendigkeit: zum einen und vor allem, um einen Genozid abzuwenden, und außerdem [...], um einem Kollaps des geopolitischen Systems in der gesamten arabischen/nahöstlichen Region entgegenzuwirken«.[3]

Soweit die dramatische Beschreibung der BDS-Kampagne von einem ihrer Gründer. Aber was genau sind ihre Ziele? Die Kampagne selbst hat in ihrem 2005 veröffentlichten Aufruf drei Forderungen aufgestellt: (1) Die Besetzung und Kolonisation allen arabischen Landes muss beendet und die Mauer abgerissen werden. (2) Israel muss die grundlegenden Rechte seiner palästinensischen Bürger anerkennen, sodass sie vollständige Gleichheit erlangen. (3) Es hat die Rechte der palästinensischen Flüchtlinge anzuerkennen, nach Hause zurückzukehren und auf ihren Besitz.[4]

Diese Formulierungen wurden sehr unterschiedlich interpretiert. Bedeutet die erste Forderung beispielsweise, dass ganz Israel arabisches Land ist und deswegen von der Landkarte verschwinden soll? Oder sind mit arabischem Land nur die Gebiete gemeint, die 1967 von Israel erobert wurden? Eine Beschreibung der Bewegung und ihrer Ziele ist gar nicht so einfach. Der Soziologe Peter Ullrich nennt BDS eine »lose strukturierte Bewegung«, die »in öffentlichen Aufrufen« Palästinensern in aller Welt zu ihren Rechten verhelfen möchte, die ihnen von Israel verwehrt würden.[5] Es ist bemerkenswert, dass sich die Forderungen auf alle Palästinenser beziehen, egal ob sie nun in Israel, im Westjordanland und Gaza oder als Flüchtlinge in anderen Staaten leben.

Ebenso schwierig ist die Frage, wer hinter der Kampagne steht. Klar ist nur: kein Verein und keine Organisation, bei der man Mitglied werden könnte. Von BDS ist die Rede, wenn die genannten Ziele von jemandem explizit oder implizit unterstützt werden. Am ehesten könnte man sagen: BDS steht für einen Aufruf von 2005, den mittlerweile viele verschiedene Institutionen unterzeichnet haben. In zahlreichen Ländern und Städten gibt es lose Netzwerke und Gruppierungen, die in erster Linie Internetseiten, Facebook-Accounts und Twitter-Profile pflegen und darüber in verschiedenen Sprachen die BDS-Thesen verbreiten.

Durch diese zahlreichen lokalen Verankerungen kann BDS schnell auf aktuelle Diskussionen vor Ort reagieren. Eine einheitliche Linie entsteht so allerdings nicht. Die BDS-Unterstützer agieren in England anders als in Deutschland, an der Humboldt-Universität anders als in Berkeley. Die Folge: Wird jemandem eine »Nähe zu BDS« nachgesagt, ist völlig offen, was genau damit gemeint ist. Wer selbst erklärt, die Bewegung zu »unterstützen«, signalisiert damit Sympathie für bestimmte Ideen, Weltbilder und ein politisches Programm. Viele möchten vor allem ihre Solidarität mit Palästinensern ausdrücken, ohne tatsächlich an Demonstrationen mitzuwirken. Es bleibt also viel Spielraum für individuelle Interpretationen. Der Vorteil: Viele machen mit und fühlen sich als Teil der Bewegung. Der Nachteil: Auch Antisemiten können unter dem BDS-Schirm ungestört ihr Unwesen treiben.

Oft werde ich gefragt, wie ich zu der Kampagne stehe. Habe ich Sympathien, weil auch ich keinen Siedlersalat essen möchte? Nein, im Gegenteil: Ich erlebe das Gedankengebäude hinter den Buchstaben BDS als totalitäre

Ideologie, die vornehmlich die radikalen Kräfte auf beiden Seiten stärkt: auf der palästinensischen genauso wie auf der israelischen.

Die lose Struktur der BDS-Kampagne macht ihre Ideologie nicht harmlos. Wie sehr sie in sich hermetisch abgeschlossen ist, wurde mir 2014 bei einer persönlichen Begegnung deutlich – noch bevor in Deutschland öffentlich über BDS gestritten wurde. Ich war gerade dabei, ein Austauschprojekt zwischen Lehrkräften einer Schule in Frankfurt und einer arabischen Schule in Israel zu organisieren. Zu meiner großen Überraschung berichtete mir die Frankfurter Kontaktlehrerin, dass zwei ihrer (deutschstämmigen) Kollegen »aus Solidarität mit Palästina« den Austausch boykottieren wollten. Zuerst hielt ich das für ein Missverständnis: Schließlich ging es um die Kooperation mit einer arabisch-palästinensischen Schule. Ich bat um ein Gespräch.

Die beiden Lehrer erklärten mir, dass sie als BDS-Anhänger jegliche Form des Kontakts mit Israelis und dem Staat Israel ablehnten. (Für das Gespräch mit mir, einem israelischen Staatsbürger, machten sie offenbar eine Ausnahme.) Mit beeindruckendem Selbstbewusstsein belehrten sie mich, dass jedes Projekt in Israel eine Unterstützung der »Apartheid« von jüdischen und arabischen Israelis bedeute. Schon der Gang durch die Passkontrolle im Ben-Gurion-Flughafen bei Tel Aviv war aus ihrer Sicht eine unzulässige Kooperation mit dem »Regime«. Dass ihre Palästinasolidarität zum Boykott einer palästinensischen Schule führte, sahen sie nicht als Widerspruch. »Im Gegenteil!«, erklärten sie: »Die arabische Schule ist dem israelischen Erziehungsministerium unterstellt. Sie ist Teil des Unrechtssystems.« Ich merkte, dass keine Tatsache, kein Argument das geschlossene Weltbild der beiden Lehrer durchdringen konnte. Ich werde nie vergessen, wie ich unseren irritierten Freunden von der arabischen Schule die Absage aus Frankfurt zu erklären versuchte.

BDS stoppt nicht den Siedlungsbau, sondern Friedensprojekte

Wegen dieser und ähnlicher Begegnungen mit BDS-Anhängern konnte ich mich nie mit der Vorgehensweise dieser Kampagne anfreunden. Was von progressiven Linken in aller Welt als »gewaltfreier Widerstand« vermarktet wird, ist in Wirklichkeit eine totalitäre Ideologie, die keine Differenzierung kennt. Die BDS-Bewegung scheut nicht einmal davor zurück, israelische Friedensaktivisten zu bekämpfen, indem sie diese von internationalen Konferenzen ausschließen lässt. Dass diese Praxis linke, um Ausgleich bemühte Kräfte in Israel schwächt, ist nachrangig. Das bittere Ergebnis: Nicht der Siedlungsbau, sondern vor allem Friedens- und Dialogprojekte in Israel und Palästina werden durch den Boykott gestoppt. Zwar betonen viele BDS-Wortführer, dass sich alle Aktionen nur gegen den militärisch starken Staat Israel richten – aber angegangen werden in der Regel Einzelpersonen und zivile Einrichtungen. Diese müssen sich bedingungslos zu den Zielen der BDS-Kampagne bekennen, ansonsten trifft sie der Boykott-Bannstrahl. Dieser moralische Druck und die Forderung nach unbedingter Unterstützung sind Ausdruck eines absoluten Freund-Feind-Denkens.

Und schließlich liefert die BDS-Kampagne israelischen Hardlinern wie Benjamin Netanjahu die ultimative Bestätigung dafür, dass »die ganze Welt« gegen Israel sei. Mit dem Verweis auf BDS-Unterstützer schüren sie Angst in der israelischen Bevölkerung und leisten so eher dem Nationalchauvinismus Vorschub, als die Bereitschaft für Kompromisse mit den Palästinensern zu fördern.

Dass die BDS-Kampagne den Falschen in die Hände spielt, bedeutet aber nicht zwangsläufig, dass sie auch antisemitisch ist. Der Streit an diesem Punkt beginnt schon bei der Auswahl der Attribute: ob man die Bewegung antisemitisch nennt, israelfeindlich, israelkritisch oder propalästinensisch. Ihre Kritiker verweisen oft auf die 2016 verabschiedete »Arbeitsdefinition Antisemitismus« der International Holocaust Remembrance Alliance (IHRA)[6] und begründen damit, warum sie die Kampagne als antisemitisch verurteilen. Die IHRA-Definition erwähnt BDS nicht explizit. Sie lässt aber viel Spielraum für Interpretationen, um die BDS-Bewegung als antisemitisch zu deuten: So wird das Aberkennen des Rechts des jüdischen Volkes auf Selbstbestimmung als Form des Antisemitismus gesehen. So kann die Forderung nach einer »Einstaatenlösung« mit gleichen Rechten für alle Bürger als Aberkennung der jüdischen Selbstbestimmung gesehen werden. Wenn BDS-Unterstützer die völlige Gleichstellung der arabischen Bürger Israels fordern, stellen sie den jüdischen Charakter des Staates infrage. Verstärkt würde dies noch durch das Rückkehrrecht für alle palästinensischen Flüchtlinge (und ihre Nachkommen), welches ebenfalls gefordert wird. Oder die Testfrage nach doppelten Standards: Wieso wird nur Israel boykottiert, während viele andere Besatzungsmächte von solchen Aufrufen verschont bleiben?

2021 haben mehrere Wissenschaftler eine Alternative zur IHRA-Definition vorgestellt. Die »Jerusalem Declaration on Antisemitism« (JDA) soll präziser definieren, wo scharfe Kritik endet und Antisemitismus beginnt. Ein großes Anliegen der JDA-Verfasser war, die BDS-Bewegung differenzierter zu beurteilen: Sie sei nicht *per se* antisemitisch.[7]

Sicherlich hat diese Differenzierung ihre Berechtigung. Immer wieder habe ich mit BDS-Unterstützern diskutiert, die mit Judenhass zweifellos nichts am Hut haben. Nicht alle argumentierten so borniert wie die beiden Lehrer aus Frankfurt. Und den Wunsch, etwas gegen die israelische Besatzung zu tun, kann ich gut nachvollziehen. Ich teile auch die Einschätzung, dass die israelische Regierung ohne Druck von außen den Siedlungsbau nicht stoppen und den Friedensprozess nicht voranbringen wird. Dennoch: All das ist kein Grund, sich mit Antisemiten gemein zu machen. Und die sind in der BDS-Kampagne haufenweise zu finden.

BDS wirkt weltweit anziehend auf Antisemiten – und einige der bekanntesten Gesichter der Bewegung schöpfen für ihre Statements und Aktionen tief aus dem Giftbrunnen des Judenhasses. Das bekannteste Beispiel ist Roger Waters. Der Sänger, Bassist und Songschreiber von Pink Floyd wirbt regelmäßig in Konzerten für BDS-Ziele und setzt Künstlerkollegen öffentlich unter Druck, nicht in Israel aufzutreten. In Interviews recycelt er antisemitische Feindbilder: Die Palästinenser würden behandelt wie Jüdinnen und Juden im Holocaust; oder: Die Israelis lögen wie Joseph Goebbels.[8] Außerdem lässt er bei Konzerten oft einen Ballon in Form eines Schweines über dem Publikum schweben. Auf die Sau ist Hassenswertes gemalt: Neben dem Dollarzeichen und Parolen tauchte dort früher oft ein Davidstern auf. Der Ballon ist ein Pink-Floyd-Klassiker. Unklar ist, ob der Rockstar tatsächlich noch nie von der »Judensau« gehört hat oder bewusst auf dieses jahrhundertealte Motiv zurückgegriffen hat.[9]

Dabei ist die fragwürdige Ästhetik eines Roger-Waters-Auftritts das geringere Übel im Vergleich zu der abstoßenden BDS-Praxis, Künstler und Akademiker so unter Druck zu setzen, dass diese ihre Teilnahme an einer Veranstaltung absagen, nur weil dort eine israelische Institution in irgendeiner Form beteiligt sein könnte. Bei Gesprächen mit BDS-Anhängern habe ich oft Sätze gehört wie diesen: »Ich habe viele israelische Freunde, und die denken ähnlich!« – für mich inzwischen nur eine Variante des antisemitischen Klassikers »Ich habe nichts gegen Juden, aber …«. Sobald dieser Satz gefallen ist, geht es sehr schnell weiter ins »Ghetto Gaza« oder zu Gerüchten über den großen Einfluss der »jüdischen Lobby« in Amerika. So gut wie nie geht es um die Frage, was Palästinenser und Israelis konkret brauchen, um ihren Konflikt zu beenden oder – noch realistischer – um ihn erst einmal einzudämmen. Das Sprechen über den Nahostkonflikt ist bloß vorgeschoben, die reale Situation vor Ort ist vielen BDS-Anhängern erstaunlich egal.

Die Gretchenfrage: Sag, wie hältst du's mit der BDS-Bewegung?

Allerdings bedeutet die Ablehnung der BDS-Kampagne nicht zwangsläufig, dass alle Mittel zu ihrer Bekämpfung koscher sind. Inzwischen hat der »Kampf gegen BDS« ein Eigenleben entwickelt, oder besser: Er wird mal von der israelischen Regierung, mal von Rechten zweckentfremdet. Die BDS-Diskussion in Deutschland ist längst viel mehr als nur eine Auseinandersetzung mit konkreten Aktionen oder mit den Überzeugungen ihrer Anhängerschaft: Sie ist zu einer Gesinnungs- und Identitätsfrage geworden.

Das Verhältnis zur BDS-Bewegung definiert die Fronten zwischen zwei Lagern, die sich unversöhnlich gegenüberstehen. In der einen Ecke: die bedingungslosen anti-antisemitischen Israel-Groupies, die Israel nur als Land der Holocaustüberlebenden sehen. In der anderen Ecke: die eingefleischten, postkolonialen Palästina-Ultras, die in Israel einen Kolonialstaat imaginieren, einen westlichen Fremdkörper in Nahost. Schon mit Erwähnung der drei Buchstaben BDS geht der Kampf zwischen den beiden ideologischen Lagern los. Die Schriftstellerin Eva Menasse spottet sogar, die Buchstabenkombi BDS hätte in Deutschland inzwischen einen ähnlichen »Schockerfaktor« wie die Kürzel »RAF« oder »IS«.[10]

Das Hauptproblem in der aktuellen Debatte besteht darin, dass im Kern nicht um BDS-Ziele gestritten wird, sondern um die grundsätzliche Haltung zum Staat Israel. Die eigentlichen Streitfragen sind kompliziert zu beantworten: Ist Israel ein Kolonialstaat? Ist das Bestreiten des jüdischen Charakters des Staates (also: Anti-Zionismus) gleich

Antisemitismus? Und: Ist die Unterstützung Israels eine deutsche Pflicht (also: Staatsräson)? Es ist erstaunlich, wie wenig über diese Fragen öffentlich diskutiert wird. Das hat wenig mit Tabus zu tun, die es den Nachkommen der Tätergesellschaft schwer machen, sich mit dem Judenstaat zu beschäftigen – vielmehr ist die Materie einfach sehr komplex. Die notwendigen und mühsamen Debatten werden vermieden und durch eine einzige, simple Frage ersetzt: Bist du *für* BDS – oder *dagegen*? Der Vorteil: Jeder kann ganz leicht eine der beiden gebrauchsfertigen Positionen übernehmen.

Eine lange Zeit tobte diese Ersatzdebatte nur in den kleinen Echokammern der politischen und kulturellen Eliten Deutschlands. Würde man heute eine Umfrage machen, käme vermutlich immer noch heraus, dass die meisten Deutschen noch nichts von BDS gehört haben. Die Anzahl der engagierten BDS-Unterstützer bleibt klein, grob geschätzt sind es einige Hundert.[11] Der tatsächliche Einfluss der deutschen BDS-Bewegung auf die israelische Wirtschaft, Wissenschaft und Kultur ist daher gering. Aber nach diversen Skandalen beteiligen sich immer mehr Menschen an der BDS-Diskussion, zumindest im Universitäts- und Kulturkosmos. Mit jeder neuen Runde der BDS-Debatte zeigt sich das Problem aufs Neue: Es ist in Deutschland kaum möglich, eine sachliche, inhaltliche Debatte über Israel zu führen. Von der Ruhrtriennale bis zur documenta fifteen, vom Jüdischen Museum in Berlin bis zum Ökohaus in Frankfurt – jedes Mal melden sich dieselben Leute mit denselben Argumenten zu Wort. Während das eine Lager sich den Kampf gegen Antisemitismus auf die Fahne schreibt, behauptet die Gegenseite, Meinungsfreiheit und Menschenrechte zu verteidigen.

Der BDS-Vorwurf lässt
palästinensische Stimmen verstummen

Aber nicht alle kommen in der BDS-Debatte zu Wort. Eigentlich könnte man erwarten, dass die hiesigen Palästinenser einiges zu diesem Thema zu sagen hätten. Immerhin leben in Deutschland schätzungsweise rund 200.000 von ihnen – eine ähnliche Zahl wie die der Juden. Es fällt dennoch auf, dass in den medialen Diskussionen so gut wie keine palästinensische Stimme zu hören ist. Warum?

Es gibt dazu verschiedene Erklärungen. Eine davon lautet: In der Bundesrepublik habe sich unter den aus Palästina stammenden Einheimischen noch keine breite intellektuelle Elite herausbilden können. Als weiterer Grund wird genannt, dass sich Palästinenser tendenziell in einer schwierigen Position befinden: Wer fundamentale Kritik an Israel äußere und zum Beispiel ein Rückkehrrecht für Palästinenser fordere oder mit BDS-Positionen sympathisiere, würde in Deutschland automatisch als Antisemit gesehen. Andere, die ihre Kritik gegen die korrupte palästinensische Führungsschicht im Westjordanland und in Gaza richten, gälten als Verräter und würden von der eigenen Community zum Schweigen verdonnert.

Zugegeben: Auch ich tue mich mit einigen palästinensischen Positionen schwer und habe in der Vergangenheit immer wieder hitzige Diskussionen mit Palästinensern geführt. Viele von ihnen weigern sich noch heute, Israel als Tatsache anzuerkennen – mehr als 75 Jahre nach der Gründung des Staates. Es fängt schon damit an, dass einige Gesprächspartner so tun, als hätten sie es mit Voldemort aus den Harry-Potter-Büchern zu tun, und nicht einmal das Wort »Israel« in den Mund nehmen möchten.

Ich bin alles andere als glücklich, wenn ich feststelle, wie weitverbreitet Ressentiments gegen Israel (und auch gegen Israelis) unter Palästinensern sind. Doch dann erinnere ich mich daran, dass Palästinenser gute Gründe haben, Israel zu hassen. Denn Menschen, die selbst – oder deren Angehörige – seit Jahrzehnten unter Besatzung leben müssen oder deren Vorfahren vertrieben wurden, haben das Recht darauf, die Besatzungsmacht zu hassen, und zwar unabhängig davon, welche Religion und Nationalität die Besatzer haben.

Als Israeli halte ich mich mit Empfehlungen zurück, was Palästinenser sagen dürfen und was nicht. So falsch ein totaler Boykott Israels auch sein mag: Wäre es nicht eine Anmaßung, Menschen, die unter einem Besatzungsregime leben, zu verbieten, eine solche Forderung zu stellen? Natürlich wünschen sich viele Palästinenser einen totalen Boykott der israelischen Besatzungsmacht – und zwar durch die ganze Welt. Das bedeutet nicht, dass sie einen Freischein für Hetze oder Gewalt bekommen. Wo genau die Grenze zwischen leidenschaftlicher Debatte und Volksverhetzung verläuft, darüber lässt sich trefflich streiten – und im Zweifel kann jeder in Deutschland Anzeige erstatten.

Doch davon abgesehen, stellt sich die grundsätzliche Frage, wie die (deutsche) Öffentlichkeit mit den Stimmen der Betroffenen umgeht – so einseitig diese auch sein mögen. Mir geht es nicht darum, diesen Positionen zuzustimmen, sondern sie als legitimen Teil der Diskussion zu akzeptieren und zu verhandeln. Doch davon sind wir in

Deutschland weit entfernt: Die Diskussion darüber, welche der vielen palästinensischen Positionen legitim und bedenkenswert sind, wird nahezu ausschließlich unter dem Aspekt Antisemitismus verhandelt.

Palästinenser in Deutschland

Ein Beispiel für diese problematische Praxis ist der Umgang mit dem palästinensischen Aktivisten Ramsis Kilani. Seine Rhetorik: kämpferisch. Seine historischen Thesen: fragwürdig. Die Gründung des Staates Israel bezeichnet Kilani als »ethnische Säuberung Palästinas«.[12] Die Vertreibung und Flucht der Palästinenser im ersten Israelisch-palästinensischen Krieg beschreibt er als »bestens dokumentiertes Verbrechen gegen die Menschlichkeit«.[13] Diese Behauptungen kann man kritisieren – zumindest als einseitig, wenn nicht sogar als falsch. Schließlich klammert Kilani den Kontext aus: die Gründung Israels nach der Shoah; den sofortigen Angriffskrieg der arabischen Staaten gegen den jungen israelischen Staat; die Vertreibung von Juden aus arabischen Staaten zu dieser Zeit.

Diese Einseitigkeit lässt sich allerdings mit seiner Familienbiografie erklären: Während der Militäroffensive im Gazastreifen 2014 wurde Kilanis Vater von israelischen Bomben getötet. Mit ihm starben auch die Frau seines Vaters und ihre fünf Kinder. Angesichts dieser schrecklichen Erfahrung stellt sich grundsätzlich die Frage, ob man von Kilani überhaupt Objektivität gegenüber Israel erwarten darf.

Als ich mit zwei Mitherausgeberinnen 2022 einen Sammelband zum Verhältnis von Antisemitismus- und Rassismuskritik vorbereitet habe,[14] nahmen wir Ramsis Kilani in die Autorenliste mit auf – nicht, weil wir seinen Ansichten zustimmen, sondern weil auch seine Stimme ein Teil der Diskussion ist. Als bekannt wurde, dass Kilani einen Beitrag für unseren Sammelband verfasst hatte, zogen mehrere Autoren ihre Beiträge aus Protest zurück. Begründet wurde der Schritt mit Kilanis Unterstützung der BDS-Bewegung und seinen vermeintlich antisemitischen Positionen. Das wiederum ließ die verbliebenen Autoren fürchten, ihnen würde eine Kontaktschuld zu BDS unterstellt, wenn sie sich nicht ebenso konsequent von Kilani distanzieren würden. Und wir Herausgeber standen unter Druck, weil uns ohne die abgesprungenen Autoren die Gegenposition zu Kilani fehlte. So sahen wir die Arbeit von zwei Jahren innerhalb weniger Tage untergehen. Schließlich entschieden wir uns dafür, Kilanis Beitrag aus dem Band herauszunehmen.

Bis heute frage ich mich, ob die Entscheidung richtig war. Hätten wir besser den gesamten Sammelband platzen lassen sollen? Jedenfalls zeigte mir diese Erfahrung, wie wirkmächtig der BDS-Nähe-Vorwurf ist. Das ist tragisch: Eine gemeinsame Debatte ist in Deutschland derzeit leider nicht möglich – nicht einmal Papier ist dafür geduldig genug.

Ein deutlich bekannterer Fall war der Skandal um die Journalistin und Ärztin Nemi El-Hassan. Im Herbst 2021 stellte der WDR die damals 28-Jährige als künftige Moderatorin der Wissenschaftssendung »Quarks« vor. El-Hassan wurde in Bad Saarow geboren und stammt aus einer palästinensisch-libanesischen Familie. Nur wenige Tage nach der Ankündigung, titelte *BILD* »Islamismus-Skandal beim WDR« und veröffentlichte Fotos, die El-Hassan auf einer Al-Kuds-Demonstration zeigen.[15] Noch am gleichen Tag reagierte die AfD-Bundestagsabgeordnete Beatrix von Storch mit einer Pressemitteilung und attackierte El-Hassan als »Terror-Sympathisantin« sowie als »überzeugte Islamistin und Judenhasserin«.[16] Laut Recherchen von *Zeit Online* waren die – sieben Jahre alten – Fotos schon einen Monat zuvor durch den rechten, muslimfeindlichen Aktivisten Irfan Peci veröffentlicht worden.

Tatsächlich sind die von der iranischen Regierung initiierten Al-Kuds-Kundgebungen eindeutig antiisraelisch und antisemitisch. Allerdings muss man El-Hassan zugutehalten, dass sie damals erst 19 Jahre alt und Mitglied einer konservativen schiitischen Religionsgemeinde war. In den folgenden Jahren verließ sie die Gemeinde, legte ihr Kopftuch ab, absolvierte ein Medizinstudium und begann ihre journalistische Karriere, die der Al-Kuds-Skandal gehörig durcheinandergewirbelt hat. Der Fall wurde einige Wochen öffentlich diskutiert, bis der WDR schließlich die Zusammenarbeit mit El-Hassan aufkündigte.

Dass sich Nemi El-Hassan für die Teilnahme an der Demo entschuldigt hat, spielte in der öffentlichen Debatte kaum eine Rolle. Vielmehr suchten *BILD* und *Welt* fleißig nach Belegen für ihr längst gefälltes Urteil »Islamismus« und »Antisemitismus«. Vor allem durchstöberten sie die Posts und Likes von El-Hassan in sozialen Medien. So berichtete die *Welt am Sonntag* von El-Hassans Forderungen auf Instagram: »ein Rückkehrrecht aller palästinensischen Flüchtlinge, Reparationszahlungen und ein Ende der ›Besatzung‹«. Eine Forderung, die laut dem *BILD*-Experten

Ahmad Mansour »wohl nicht weniger als das Ende des Staates Israel bedeuten würde.«[17]

An solchen Argumentationen lässt sich erkennen, was in der Diskussion falsch läuft – und wie schnell legitime palästinensische Positionen als antisemitisch (oder islamistisch) abgekanzelt werden. Dass das Westjordanland unter israelischer Besatzung steht, ist nach internationalem Recht unstrittig. Die *Welt am Sonntag* setzt das Wort jedoch in Anführungszeichen und tut es damit als subjektive Wahrnehmung ab. Dann wird erklärt, dass Nachkommen von palästinensischen Vertriebenen keine Rückkehr verlangen dürften. Schon die Forderung an sich wird als antisemitisch abgestempelt.

Es gibt gute Gründe für Palästinenser, eine Rückkehr der Vertriebenen zu fordern – und mindestens genauso gute Gründe gibt es für Israelis, diese abzulehnen. Müsste Israel tatsächlich alle palästinensischen Familien mit dem Status »geflüchtet« aufnehmen, wäre es kein jüdischer Staat mehr. Denn 75 Jahre nach der Staatsgründung – oder nach der Nakba (»Katastrophe«), wie im Arabischen die Vertreibung von schätzungsweise 700.000 Palästinensern genannt wird – hat sich die Zahl der palästinensischen Flüchtlinge weltweit auf rund 5,4 Millionen vervielfacht. Der Geflüchteten-Status vererbt sich bei ihnen auf die Folgegenerationen, was weltweit einmalig ist.

Die Vertreibung war eine Tragödie und in vielen Fällen Unrecht. Aber in den seltensten Fällen ist sie ohne Weiteres rückgängig zu machen. Abgesehen von praktischen Problemen ist es auch politisch unklar, ob ein Rückkehrrecht dem Frieden dient. Gilt dieses dann auch für die Nachkommen der 800.000 arabischen Juden, die nach der

Gründung Israels aus dem Maghreb, aus Syrien, aus dem Irak und dem Jemen fliehen mussten? Habe ich dann im Gegenzug Anspruch auf Häuser und Grundstücke in der Slowakei und in Rumänien, weil meine Großeltern von dort vertrieben wurden?

Die jüngere deutsche Geschichte zeigt, dass Flucht und Vertreibung nicht dauerhaft zu Hass und Unfrieden führen müssen. Von den Millionen Deutschen, deren Eltern oder Großeltern nach dem Zweiten Weltkrieg aus Osteuropa in das heutige Deutschland vertrieben wurden, fordern die allerwenigsten ein Recht auf Rückkehr. Das liegt nicht daran, dass sie für das damalige Unrecht entschädigt worden wären, sondern vor allem daran, dass sie auch hier ein Leben in Frieden und Wohlstand führen können.

Wichtig ist: Für eine bessere Debattenkultur in Deutschland ist nicht entscheidend, ob die palästinensische Rückkehrforderung berechtigt und praktikabel ist. Entscheidend ist für mich, dass Menschen ihre Hoffnung auf Rückkehr in die alte Heimat offen aussprechen dürfen – auch Nemi El-Hassan. Der Antisemitismusvorwurf gegen sie enthält die Unterstellung, dass diese palästinensische Hoffnung auf Heimat in erster Linie darauf abziele, Juden zu schaden – das ist nicht nur boshaft, sondern auch überraschend rücksichtslos in einer Zeit, in der so beharrlich darauf hingewiesen wird, wie wichtig es ist, aus welcher Position ein Sprecher auf bestimmte Ereignisse und Tatsachen blickt.

Natürlich durfte der Vorwurf der BDS-Nähe auch im Fall El-Hassan nicht fehlen. Unter dem Titel »›Likes‹ für Antisemitismus« warf die *BILD* Nemi El-Hassan vor, ein Instagram-Post der US-amerikanischen linken Organisation »Jewish Voice for Peace« gelikt zu haben. Es ging darin um einen Aufruf zum Boykott von Waren aus israelischen Siedlungen in den besetzten palästinensischen Gebieten.[18] Auch hier wird absichtlich pauschalisiert. Mit dem Boykott gegen illegale Siedlungen im Westjordanland wird nicht das Existenzrecht des Staates Israel geleugnet, sondern lediglich die Besatzung infrage gestellt. Dennoch wird in der aktuellen Debatte nicht zwischen dem pauschalen Boykott gegen Israel an sich und einem gezielten Boykott gegen Siedlungen differenziert. Das Schlagwort »BDS« wird oft nur gerufen, um alle Formen von Boykott als antisemitisch zu brandmarken.

Das Ende vom Lied war, dass der WDR dem öffentlichen Druck nachgab und bekannt gab, dass Nemi El-Hassan die geplante Sendung nicht moderieren dürfe. Das bedeutet nicht nur das vorläufige Ende ihrer journalistischen Karriere, es war auch ein Signal an junge Muslime, welchen Preis sie für solche Positionen zahlen werden. Es ist also alles andere als verwunderlich, dass so wenige Menschen palästinensischer Abstammung an der öffentlichen Debatte um die Ziele der BDS-Bewegung teilnehmen.

Der Bundestag spricht ein machtloses Machtwort

Ein wichtiger Meilenstein in der BDS-Debatte war die Bundestagsresolution vom 17. Mai 2019. Die fraktionsübergreifende Resolution mit dem Titel »Der BDS-Bewegung entschlossen entgegentreten – Antisemitismus bekämpfen« ist zwar nicht rechtsverbindlich, bezieht aber klar Position: Die BDS-Kampagne sei – so heißt es dort – nach »Argumentationsmuster und Methoden« antisemitisch.[19] Der Beschlusstext stellt sogar einen Bezug her zwischen dem Judenboykott der Nazis ab 1933 (»Kauft nicht bei Juden!«) und den »Don't Buy«-Aufklebern der BDS-Unterstützer. Zwar ziehen die Verfasser des Bundestagsbeschlusses keinen direkten Vergleich zwischen Nationalsozialismus und der BDS-Bewegung – was eine Verharmlosung des Naziterrors wäre –, aber so ganz wollten die Abgeordneten auf den Vergleich dann doch nicht verzichten. Deshalb ist nun von »unweigerlich(en) Assoziationen« die Rede.

In dieser Formulierung zeigt sich das Problem wie unter einem Brennglas: Es geht nicht um die tatsächlichen Inhalte und Methoden der BDS-Kampagne, um ihr reales Ausmaß und die tatsächliche Gefahr, die daraus für Juden hervorgeht, sondern allein um deutsche Befindlichkeiten. Das Problem der Kampagne wird subjektiviert und letztendlich relativiert. Denn »Assoziationen« sind selten »unweigerlich« und können in jedem Land sehr unterschiedlich ausfallen.

Wie aber kam die in Deutschland bis dahin kaum bekannte BDS-Bewegung überhaupt zu der Ehre einer eigenen Bundestagsresolution? Das Parlament hatte doch erst Anfang 2018 einen Beschluss gegen Antisemitismus gefasst und darin – unter anderem – die Bundesregierung aufgefordert, den Zielen der BDS-Bewegung »entschlossen entgegenzutreten«.[20] Der damalige Beschluss war eine Reaktion auf eine antiisraelische Demonstration vor dem Brandenburger Tor im Dezember 2017. Die Kundgebung richtete sich gegen die Entscheidung von US-Präsident Trump, die US-amerikanische Botschaft von Tel Aviv nach Jerusalem zu verlegen.

Ein Turbo für die noch eindeutigere BDS-Botschaft des Bundestags dürfte ein taktischer Schachzug der AfD-Fraktion gewesen sein. Die hatte schon zwei Wochen zuvor, im April 2019, einen scharfen Anti-BDS-Antrag formuliert.[21] Unter dem Titel »BDS-Bewegung verurteilen – Existenz des Staates Israel schützen« wurde die Bundesregierung unter anderem aufgefordert, die Bewegung in Deutschland zu verbieten und allen BDS-nahen Gruppen »sofort jegliche Förderung aus Bundesmitteln zu streichen«; Letzteres gelte »insbesondere auch für die finanzielle Unterstützung BDS-naher NGOs durch parteinahe Stiftungen«. Am 17. Mai 2019 wurde dieser Antrag abgelehnt, er erhielt nur 62 Ja-Stimmen, nicht einmal die AfD-Abgeordneten stimmten geschlossen dafür.

Doch auch der Beschluss von Union, SPD, FDP und Grünen setzte einen neuen Ton in der BDS-Debatte. 2018 hieß es noch, es sei »Aufgabe der unabhängigen Justiz, zu prüfen, inwieweit durch einen Boykott Straftatbestände, z.B. Volksverhetzung, erfüllt sind, und gegebenenfalls angemessene Sanktionen gegen die Täterinnen und Täter zu verhängen«. 2019 wollte der Bundestag diese Aufgabe nicht mehr nur der Justiz überlassen. Stattdessen beschlossen die Abgeordneten nun, dass die BDS-Bewegung oder »Gruppierungen, die deren Ziele aktiv verfolgen« von der Bundesregierung keine Räumlichkeiten und keine finanzielle Unterstützung für Veranstaltungen mehr bekommen sollten. Wichtig zu wissen: Das war nur eine Aufforderung an die Bundesregierung, kein Gesetz. Wie der wissenschaftliche Dienst des Bundestags festgestellt hat, geht vom BDS-Beschluss keine (rechtliche) Verbindlichkeit aus.[22] Dennoch wirkte die zweite Bundestagsresolution wie ein Booster für die BDS-Gegner, die nun zum Frontalangriff übergingen.

Ausladen oder zurücktreten bitte!

Was die große Politik in Berlin im Frühsommer 2019 beschlossen hatte, machte sich auch in der kleinen Bildungsstätte Anne Frank in Frankfurt schnell bemerkbar. Das Thema BDS wurde plötzlich hochaktuell, die Diskussionen darüber wurden immer angespannter. Ausgerechnet damals, nur zwei Wochen vor dem Bundestagsbeschluss, luden wir zu einem Streitgespräch ein. Die ironische Überschrift: »Der Nahostkonflikt wird im Plenum gelöst«. Wir erwarteten eine kontroverse Diskussion, denn unter den geladenen Gästen war auch der Journalist Daniel Bax. Dieser hatte sich durch seine zugespitzte Kritik an der israelischen Politik keine Freunde im proisraelischen Lager gemacht. Überrascht hat uns aber, dass die Diskussion schon *vor* der Veranstaltung eskalierte. Es hagelte Kritik, dass wir Bax überhaupt eingeladen hätten. In der *Jerusalem Post* verglich Benjamin Weinthal den »Israelhasser« Bax mit dem Neonazi Udo Voigt und »Irans Mullah-Regime«.[23] Auch Sacha Stawski wurde dort zitiert. Der Vorsitzende des Frankfurter Vereins »I Like Israel« warf mir vor, ein »Feind der proisraelischen Community« zu sein, da ich als Leiter der Einrichtung für die Einladung verantwortlich war. Schon zuvor hatte Stawski auf seiner Website *Honestly Concerned* unsere Einladung an Bax verurteilt, da dieser »ein Musterbeispiel eines Antizionisten und antisemitischen BDS-Befürworters« sei.[24] Am Ende seines

Kommentars forderte er die »Förderer und Kooperations-
partner« der Bildungsstätte Anne Frank auf, »dem Treiben
der derzeitigen Führung« ein Ende zu setzen. Abraham
Cooper vom *Simon Wiesenthal Center*, einer rechtskonser-
vativ-jüdischen NGO aus Los Angeles, legte im genannten
Artikel der *Jerusalem Post* sogar noch eins drauf und forderte die Bildungsstätte auf, den Namen Anne Frank aus
ihrem Namen zu streichen.

Anfangs dachte ich noch, dass dieser Shitstorm nur in
einer rechtsnationalistischen Echokammer wirbelt. Doch
dann erreichte mich eine E-Mail von Uwe Becker (CDU),
damals Bürgermeister der Stadt Frankfurt. Darin forderte
er mich dringlich auf, Bax auszuladen. Die Begründung:
Der Journalist sei Mitglied der BDS-Bewegung. Auf meine
Nachfrage, ob es dafür Belege gäbe, schickte mir das Stadt-
oberhaupt einen Link zu einem *taz*-Artikel. Unter dem
Titel »Antisemitisch oder kritisch?« diskutierten dort Bax
und ein Redaktionskollege die Frage, ob die Bewegung
antisemitisch sei – aber mehr auch nicht.[25] Von einem Bekenntnis zu ihr keine Spur.

Unsere Veranstaltung fand statt wie geplant – mit Daniel Bax und ohne Zwischenfälle. Aber im Nachgang habe
ich mich immer wieder gefragt, wie es überhaupt so weit
kommen konnte, dass ein gewöhnlicher Diskussionsabend
zu einem Politikum wird. Solche Geschichten haben sich
seitdem vielfach wiederholt, im Kleinen und im Großen.
Es hat sich eine neue Sportart entwickelt: »Such-die-BDS-
Verbindung«. Mit dem BDS-Beschluss des Bundestages
wurde eine neue Situation geschaffen: Es reicht nun schon
die »Nähe« einer Person zur BDS, um ihre Ausladung zu
fordern. Eine Situation, die die Arbeit von Bildungs- und

Kultureinrichtungen sowie wissenschaftlichen Institutionen in Deutschland erschwert. Denn die müssten theoretisch – um dem Wunsch des Bundestags genüge zu tun – die Biografien und Social-Media-Auftritte deutscher und ausländischer Gäste nach Belegen für eine BDS-Nähe durchleuchten, bevor sie diese einladen. Das ist nicht nur schwer umsetzbar, sondern es wäre auch aus demokratischer Perspektive problematisch.

Museumsdirektor stürzt über BDS-Tweet

Das erste prominente Opfer des BDS-Bundestagsbeschlusses war kein BDS-Anhänger, sondern ein renommierter Judaist: Peter Schäfer, der Direktor des Jüdischen Museums in Berlin (JMB). Er war schon zuvor von der israelischen Regierung kritisiert worden, etwa im Winter 2018. Damals hatte Ministerpräsident Benjamin Netanjahu gefordert, die Bundesregierung solle die Finanzierung »antiisraelischer Aktivitäten« einstellen – und als Beispiel das JMB genannt.[26] Auslöser für den Rücktritt Schäfers war jedoch ein Tweet zum BDS-Bundestagsbeschluss, genauer gesagt eine Kritik daran. 240 jüdische und israelische Wissenschaftler hatten damals einen Aufruf gegen den Beschluss veröffentlicht: »Wir lehnen die trügerische Behauptung ab, BDS sei als solches antisemitisch, und bekräftigen, dass Boykotte ein legitimes und gewaltfreies Mittel des Widerstands sind.« Das JMB empfahl über seinen offiziellen Twitter-Account einen *taz*-Artikel über diesen Aufruf: »#*mustread* Der Beschluss der Parlamentarier hilft im Kampf gegen Antisemitismus nicht weiter« hieß es da. Mit dieser Formulierung positionierte sich das Museum gegen die BDS-Resolution. Zentralratspräsident Josef Schuster nahm das als Grund, scharfe Kritik an Schäfer zu üben: »Das Maß ist voll«, verkündete er, ebenfalls auf Twitter. Die Leitung des Hauses habe »das Vertrauen der Jüdischen Gemeinschaft« verspielt. Schuster stellte sogar die Frage, »ob die Bezeichnung ›jüdisch‹ (für das Museum) noch angemessen« sei. Eine Woche später trat Schäfer zurück. Nun war wieder die Gegenseite am Zug: Fast 100 Museumsfachleute aus Europa und Israel unterzeichneten einen offenen Brief, in dem sie die mediale »Kampagne« gegen Schäfer kritisierten.[27]

Die Debatte um Achille Mbembe

Rund ein Jahr nach dem Rücktritt von Peter Schäfer steuerte der BDS-Streit auf einen neuen Höhepunkt zu. Schauplatz war die Ruhrtriennale. Das Kunstfestival im Ruhrgebiet hatte schon 2018 Anlass für eine Diskussion geboten, damals war es um die Einladung, Ausladung und Wiedereinladung der »Young Fathers« gegangen, einer Band, die Ziele der BDS-Bewegung aktiv unterstützt. Diesmal fühlten sich die BDS-Gegner durch den Bundestagsbeschluss bestärkt und forderten die Ausladung des Keynote-Speakers Achille Mbembe, der afrikanische Weltstar der Philosophie. Der kamerunische Historiker ist einer der bekanntesten Vertreter der Postcolonial Studies. Diese beschäftigen sich seit einigen Jahrzehnten sozialwissenschaftlich, historisch und philosophisch mit den Folgen kolonialer Herrschaft. Viele Vertreter des Postkolonialismus leiten aus ihren akademischen Forschungen explizite politische Forderungen ab – und werden deshalb oft von politischen Bewegungen als Stichwortgeber herangezogen.

Nun sollte ausgerechnet dieser weltweit gefragte Philosophieprofessor ausgeladen werden, da er sich auf die Seite der BDS-Kampagne geschlagen hatte. So schrieb Mbembe etwa das Vorwort für das 2015 erschienene Buch »Apartheid Israel«,[28] dessen Erlös an eine BDS-Gruppe gespendet wurde. Darin bezeichnet er die Besetzung Palästinas durch Israel als »größten moralischen Skandal unserer Zeit« und vermutet, deren Ziel sei die »schrittweise Vernichtung« der Palästinenser. Wie einige BDS-Unterstützer neigt auch Achille Mbembe dazu, Israel als ultimativ unmoralisch zu dämonisieren.

Vielleicht hätte die Ruhrtriennale die Gelegenheit geboten, mit ihm über diesen Scheuklappenblick zu diskutieren. Aber nach dem Willen der Kritiker sollte er gar nicht erst anreisen, sondern schon vorher ausgeladen werden. Besonderes Gewicht bekam die Forderung, weil sie auch der Antisemitismusbeauftragte der Bundesregierung Felix Klein erhob. Zur Begründung griff dieser aber eine eher harmlose Stelle in Mbembes Schriften auf. In »Politik der Feindschaft« vergleicht der in Johannesburg lehrende Philosoph die frühere Rassentrennung in Südafrika und die Shoah: »Das Apartheidregime in Südafrika und – in einer ganz anderen Größenordnung und in einem anderen Kontext – die Vernichtung der europäischen Juden sind zwei emblematische Manifestationen dieses Trennungswahns.«[29]

Diese Textstelle nahm Klein als Beleg dafür, dass Mbembe den Holocaust relativieren wolle. Zumindest äußere er sich

»missverständlich, wenn er das Apartheidsystem in Süd-afrika und die Zerstörung von Juden in Europa unmittelbar hintereinander erwähnt«.[30] Es ist offensichtlich, dass Klein sich hier auf dem Holzweg befand. Zwei historische Er-eignisse hintereinander zu erwähnen, ist noch lange keine Relativierung. Vielmehr zeigt der Vorgang einen unbehol-fenen Versuch des Antisemitismusbeauftragten, sich auf ein Tabu zu beziehen, das gar nicht existiert. Klein erklärte diese Äußerung für unsagbar, und das noch dazu in seinem Amt als offizieller Vertreter der Bundesrepublik.

Das Problem daran: Kleins Argument rekurriert auf eine deutsche Befindlichkeit. Wie im Text der BDS-Reso-lution des Bundestags geht es dabei nicht um eine objektive Realität, sondern um Assoziationen, die dabei in Deutsch-land – der Bundestag meint »unweigerlich« – entstehen. Implizit wird damit gesagt, dass nicht der antisemitische Gehalt einer Äußerung entscheidend ist, sondern die Emp-findsamkeit des Publikums. Eine schwierige Argumenta-tion, denn schnell wird so aus der Frage, was Judenhass ist, ein ganz persönliches Problem: Antisemitismus ist das, was ich gerade fühle. Oder aus ausländischer Sicht: Anti-semitische Hassbotschaften sind nicht das Problem – die Deutschen sind halt nur etwas empfindlich. Diese Wahr-nehmung zeigte sich erneut, als Klein im Sommer 2022 be-klagte, dass das Verhalten des Präsidenten Mahmud Abbas »jegliche Sensibilität gegenüber uns deutschen Gastgebern vermissen lasse«.[31] Anlass waren Abbas Äußerungen auf einer Pressekonferenz im Kanzleramt, wonach die Israelis an den Palästinensern nicht einen, sondern gleich »50 Ho-locausts« verrichtet haben. Eine zweifelsohne skandalöse Äußerung. Ihre Problematik besteht allerdings nicht in der

Verletzung deutscher Befindlichkeiten, sondern in der absolut falschen historischen Behauptung selber. Kleins Logik hingegen: Im Haus des Henkers spricht man nicht vom Strick.

Was bei dieser Abwägung deutscher Befindlichkeiten im Fall Mbembe völlig unterging: Nicht Achille Mbembes »missverständliche Äußerung« ist das Problem, sondern sein konkretes Handeln. Ein Jahr zuvor hatte nämlich *er* dafür gesorgt, dass die israelische Psychologin und Friedensforscherin Shifra Sagy von einer Konferenz in Südafrika de facto ausgeladen wurde. Sagy hätte dort ihr palästinensisch-israelisches Friedensprojekt »Empathie gegenüber dem Anderen« präsentieren sollen. Nach Kritik aus BDS-Kreisen wurde das Diskussionsforum aus dem Programm gestrichen und ihr nahegelegt, gar nicht an der Konferenz teilzunehmen. Die prominenteste Stimme, die die Ausladung von Sagy unterstützt hatte, war Achille Mbembe. Er riet dem Veranstaltungsteam, sich mit den BDS-Unterstützern »zu einigen«, ansonsten werde wiederum er nicht teilnehmen.[32]

Es ist eine Ironie der Geschichte, dass nur ein Jahr später Mbembe zum Störfaktor der Ruhrtriennale erklärt wurde. Eigentlich konnte er sich über diese Logik nicht beklagen, da er selbst gerade an der Ausladung einer Wissenschaftskollegin mitgewirkt hatte. Aber doch, er konnte: In einem »Brief an die Deutschen« in der *taz* beschrieb sich der Philosoph als »ausländischen Sündenbock«.[33] Und in einem mittlerweile gelöschten Facebook-Beitrag inszenierte sich Mbembe als Opfer von Rechtsextremisten: Er sei »Gegenstand völlig unbegründeter, verrückter und bösartiger Angriffe aus rechten und rechtsextremen Kreisen in Deutschland«. Beistand bekam er von mehr als 700 Professoren, Schriftstellern, Filmemachern und Künstlern aus Afrika: In einem offenen Brief kritisierten sie den Umgang mit Mbembe – und urteilten, er sei das Opfer einer Kampagne von »rechtsextremen, fremdenfeindlichen und rechtskonservativen Gruppen«.[34]

In der Diskussion um Achille Mbembe erreichte die BDS-Kontroverse einen neuen Höhepunkt, sowohl in der öffentlichen Wahrnehmung als auch in der Vehemenz. Beide Seiten arbeiteten mit Vereinfachungen: Die eine stellte Mbembe als üblen Antisemiten dar, die andere als Opfer von Rassismus; die eine sah dem Antisemitismus eine große Bühne geboten, die andere fürchtete um Kunst-, Wissenschafts- und Meinungsfreiheit. Bei alldem machte kaum jemand eine gute Figur, die Fronten erstarrten, die Anschuldigungen wurden fundamental.

Noch bevor der Wettstreit der Befindlichkeiten entschieden werden konnte, brach COVID-19 aus. Die Ruhrtriennale wurde pandemiebedingt abgesagt. Niemand weiß, ob Achille Mbembe doch noch ausgeladen worden wäre. Oder ob sich gerade das Festival als guter Ort für den notwendigen Austausch erwiesen hätte.

Weltoffenheit und Meinungsfreiheit

Der Konflikt um die Ruhrtriennale 2020, um Achille Mbembe und die BDS-Bewegung war nicht der letzte seiner Art. Dafür eignet sich das Themenduo BDS-Israel einfach zu gut, um die eigene Überzeugung auszustellen. Es geht dabei nur vordergründig um die Diskussion konkreter Veranstaltungen, sondern grundsätzlich um zwei Ideologien, die ihre Differenzen in Bezug auf Israel anhand der BDS-Frage verhandeln.

Der nächste Spielzug auf diesem Feld kam im Dezember desselben Jahres: In Reaktion auf den BDS-Beschluss des Bundestags und auf die Ruhrtriennale-Diskussionen veröffentlichte eine Reihe großer deutscher Kulturinstitutionen – darunter das Humboldtforum, das Zentrum für Antisemitismusforschung, das Goethe-Institut – das »Plädoyer der ›Initiative GG 5.3 Weltoffenheit‹«.[35] Die Verfasser schreiben darin, dass es »unproduktiv und für eine demokratische Öffentlichkeit abträglich [sei], wenn wichtige lokale und internationale Stimmen aus dem kritischen Dialog ausgegrenzt werden sollen, wie im Falle der Debatte um Achille Mbembe zu beobachten war. Die historische Verantwortung Deutschlands darf nicht dazu führen, andere historische Erfahrungen von Gewalt und Unterdrückung moralisch oder politisch pauschal zu delegitimieren.«

Die implizite Kritik an den Äußerungen von Felix Klein ist nicht zu überlesen. Die Verfasser des Plädoyers schlagen sich aber noch deutlicher auf eine Seite, indem sie Mbembe nur als Opfer darstellen, dessen »andere historische Erfahrungen« ignoriert würden. Sie erwähnen nicht, dass er auch deshalb kritisiert wurde, weil er zuvor an seiner Heimatuniversität die Ausladung einer israelischen Wissenschaftlerin betrieben hatte. Es ist bezeichnend, dass sogar die führenden deutschen Kultureinrichtungen den Weg der Vereinfachung gewählt haben. Dennoch lagen sie in ihrem Grundanliegen nicht falsch. Es ist bedenklich, wenn der Bundestag der Kunst- und Kulturszene empfiehlt, bei jeder Veranstaltung alle Verbindungen zu BDS auszuschließen. Ein solcher Gesinnungstest ist nicht nur fragwürdig, sondern auch wirklichkeitsfremd – denn die Definition, was als BDS-Unterstützung gilt, ist subjektiv.

In der Mbembe-Diskussion wurde aber nicht allein die BDS-Frage verhandelt, sondern ein weiteres grundlegendes Problem: Ein Teil der Rassismus- und Kolonialismusforschung, der sich den Postcolonial Studies verpflichtet fühlt, tut sich schwer damit, Antisemitismus konzeptionell und in seinem Erscheinen wahrzunehmen. Dieser wird dort überwiegend als »nur eine andere Form von Rassismus« verstanden – während gleichzeitig durch die fortgesetzte, völlig unreflektierte Dämonisierung Israels antisemitische Denkstrukturen reproduziert werden.

In den Postcolonial Studies scheint die einseitige Parteinahme gegen Israel völlig normal zu sein. Gayatri Spivak, eine Mitbegründerin der postkolonialen Theorie, definiert Israel als »Kolonialstaat« und sieht in Palästina bis heute »territorialen Imperialismus und Staatsterrorismus alter Prägung« am Werk.[36] Ein weiterer Vordenker der postkolonialen Theorie war Edward Said. Selbst palästinensischer Herkunft, lehnte der Literaturwissenschaftler das Osloer Friedensabkommen von 1993 kategorisch ab und unterstellte Israel, die Palästinenser als Volk (»people«) auslöschen zu wollen.[37]

All diesen Wissenschaftlern ist gemein, dass sie die Gründung Israels als Kolonialprojekt bewerten. Juden sind darin ohne jede Einschränkung Mitwirkende der weißen, rassistischen Unterdrückungspraxis. Diese Theorie behauptet eine manichäische Spaltung der Welt in einen »globalen Norden« und einen »globalen Süden«, in Unterdrücker und Unterdrückte. Sie reduziert die komplexe

Weltlage auf einfache binäre Widersprüche, in denen es nichts Drittes, nichts Ambivalentes geben darf. Israel wird dabei umstandslos den Kolonialmächten zugerechnet, als eine europäische Insel außerhalb Europas – deplatziert und auf ewig ein Fremdkörper in Westasien.

Kaum ein Gedanke wird darauf verwendet, dass die zionistische Bewegung und schließlich die Gründung des Staates Israel eine Reaktion auf Jahrhunderte der Verfolgung ist – von den Pogromen in Russland und Polen bis zur Shoah. Und auch nicht darauf, dass Juden schon lange vor der Staatsgründung in der Region lebten – sie also keineswegs in ein komplett »fremdes« Land einfielen und es besiedelten. Jüdische Flüchtlinge und Überlebende steigen stattdessen zu mächtigen Kolonialherrn auf; die Gründung des Staats wird als Geburtsstunde der »neokolonialen Ära« verstanden. Dabei finden die tatsächlich kolonialen Machtverhältnisse bis 1948, die Herrschaft des Osmanischen Reichs und dann Englands und Frankreichs, in diesen Diskussionen kaum Erwähnung. »Der Postkolonialismus denkt oft in Dichotomien« hat der Soziologe Natan Sznaider beobachtet.[38] Es geht um die Gegenüberstellung von »Weißen« und »Nichtweißen«, Tätern und Opfern, des »globalen Nordens« und des »globalen Südens«. Ein zentrales Problem identifiziert Sznaider darin, dass viele postkoloniale Autoren auch die BDS-Kampagne befürworten. Und die wiederum beruft sich in ihren Veröffentlichungen oft auf postkoloniale Denker. Somit entsteht eine Rückkopplung zwischen Wissenschaft und politischem Aktivismus.[39]

documenta fifteen:
Vorwürfe statt Freundschaften

Während in der Mbembe-Debatte die Verbindung zwischen der BDS-Bewegung und einem prominenten postkolonialen Vordenker im Mittelpunkt stand, wurde etwa zwei Jahre später bei der Kunstausstellung Documenta in Kassel die Problematik auf einer viel breiteren Ebene diskutiert. Was mit der Idee begann, die Perspektive des globalen Südens auf der Weltkunstschau prominent zu zeigen, eskalierte zu einer Debatte, die die Gräben zwischen den Lagern in der Mbembe-Debatte vertieft hat. Dieses Mal ging es nicht nur um einen einzelnen Eröffnungsredner aus Südafrika, sondern um das gesamte Konzept der documenta fifteen. Noch vor der Mbembe-Debatte – im Februar 2019 – wurde verkündet, dass die Weltkunstausstellung nicht von einer Person, sondern von einem indonesischen Kollektiv namens Ruangrupa kuratiert werden würde. Ganz bewusst übergab die Documenta-Findungskommission die künstlerische Gestaltungsmacht an eine Gruppe aus dem globalen Süden. Sie sollte selbst entscheiden, wie sie bildende Kunst definieren und was sie dem (überwiegend) europäischen Publikum zeigen will. Der Blick sollte auf Länder gerichtet werden, die bisher auf der Documenta nicht vertreten waren, koloniale Strukturen und Denkformen sollten aufgebrochen und Freundschaft in den Mittelpunkt gestellt werden. Das Motto lautete: »Make Friends Not Art!«

Doch es kam alles anders als geplant: Die documenta fifteen wird wohl vor allem mit ihrem Antisemitismusskandal in Erinnerung bleiben. »Documenta der Schande« titelte die *Jüdische Allgemeine*,[40] »Willkommen bei der Antisemita 15« spottete der *Spiegel*.[41] Und die *Frankfurter Allgemeine* urteilte: »Es darf jetzt von einer Documenta der Verschlagenheit gesprochen werden.«[42]

Wie kam es dazu und worüber wurde gestritten? Die anfänglichen Antisemitismusvorwürfe erschienen knapp ein halbes Jahr vor der Eröffnung in zwei antideutschen Blogs.[43] Es ging vor allem um vermeintliche oder tatsächliche BDS-Nähe beteiligter Künstler und Kuratoren. Und am zweiten Tag nach der Eröffnung tauchte ein eindeutiges antisemitisches Kunstwerk auf: das 20 Jahre alte Wimmelbild-Banner »People's Justice« des indonesischen Kollektivs Taring Padi. Unter den vielen Figuren waren auch zu sehen: ein orthodoxer Jude mit Schläfenlocken, Vampirzähnen und SS-Runen auf seinem Hut sowie ein Polizeischwein in Kampfmontur. Auf dessen Helm prangte ein Davidstern und die Aufschrift »Mossad«. Für einen seltenen Moment herrschte fast unter allen Beobachtern eine gewisse Einigkeit bei der Bewertung der Bildmotive: Das ist antisemitisch. Dafür gab es genügend Dissens, wenn es um die Bewertung anderer Kunstwerke ging, zum Beispiel um die Zeichnungen des syrischen Künstlers Burhan Karkoutly, die als Broschüre ausgestellt wurden. Darin ist ein hakennasiger israelischer Soldat abgebildet, der einer Frau in den Unterleib tritt. Auch über die Bilderserie »Guernica Gaza« des palästinensischen Künstlers Mohammed Al-Hawajri wurde diskutiert – und über die damit verbundene Frage, ob darin ein Vergleich zwischen Israel und Nazideutschland enthalten sei. Ebenso umstritten waren die gezeigten propalästinensischen Filme »Tokyo Reels«. Eine von dem Documenta-Aufsichtsrat berufene Expertenkommission stellte zwar fest, dass die Filme antisemitische und antizionistische Versatzstücke beinhalten und dass die Künstler Terrorismus glorifizieren.[44] Die Kuratoren Ruangrupa drehten den Spieß jedoch postwendend um und warfen wiederum dem Expertengremium »rassistische Tendenz« vor.[45]

Wieso standen so viele Kunstwerke in der Kritik, antisemitisch zu sein, ausgerechnet auf einer Ausstellung, die sich die Freundschaft auf die Fahne geschrieben hat? Dazu gab es zwei gegensätzliche Erklärungsmuster.

Ein Lager sah in den Antisemitismusvorwürfen Belege für einen strukturellen Rassismus in der deutschen Gesellschaft. Man sah in der Kritik an der Documenta den Versuch, hausgemachten Antisemitismus auf andere abzuwälzen – und zwar ausgerechnet auf Menschen aus dem globalen Süden, vor allem aus muslimischen Ländern. Die Schriftstellerin Eva Menasse beklagte, dass man sich in Deutschland über antisemitische »Wandteppiche aus Indonesien« beklage, während gleichzeitig die Statistik belege, wie viele antisemitische Straftaten Neonazis verübten.[46] Auch Ruangrupa selbst sah sich als Opfer einer »rassistischen Verleumdungskampagne«, wie die Gruppe in einem offenen Brief schon vor der Eröffnung der Documenta monierte.[47] In Interviews beklagten Mitglieder von Ruangrupa, dass der Antisemitismusvorwurf nur ein Vorwand für Rassismus sei, und spekulierten: »Wenn es nicht der Antisemitismus wäre, dann wäre es etwas anderes.«[48] Kurz vor Abschluss der Documenta veröffentlichten Ruangrupa und die »lumbung community« einen zweiten offenen Brief mit der Aufschrift: »We are angry, we are sad, we are tired, we are united«[49]. Wir sind wütend, wir sind traurig, wir sind müde, wir sind vereint. Er liest sich wie eine Generalabrechnung mit der deutschen Öffentlichkeit, Politik und Wissenschaft. In Verbindung mit dem Brief tauchten zahlreiche Protestplakate an verschiedenen Ausstellungsorten der Documenta auf, mit Slogans wie: »Free Palestine from German Guilt«, Befreit Palästina von deutscher Schuld, oder »BDS: being in documenta is a struggle«, BDS – Vom Kampf, Teil der Documenta zu sein.

Auf der anderen Seite wurden die umstrittenen Kunstwerke als Beweise vorgelegt, dass im sogenannten globalen Süden Israelhass und Antisemitismus allgegenwärtig seien. In der *Süddeutschen Zeitung* wurde über die »Fetischisierung« des »globalen Südens« geraunt.[50] Die *Frankfurter Allgemeine* warf der »Dekolonisierungskunst« vor, sie »arbeitet mit der Moral – und als Reich des Bösen hat sie Israel identifiziert«.[51] Und in der *Zeit* sah man einen Plan: »Hinter dem Schlagwort von der ›Perspektive des globalen Südens‹ verbarg sich eine dann doch ziemlich autoritäre Aufforderung, von Deutschland aus auf Israel endlich anders zu blicken, nämlich so, wie Israels Feinde das tun. […] Kassel war ja auch nur die Wiese, auf der die postkolonialen Auslegungen blühen und sich ausbreiten sollten.«[52]

Die Wirklichkeit ist komplexer,
als beide Lager behaupten

Auf mich wirkte das alles, als ob das Ganze aus dem Drehbuch der Mbembe-Debatte abgeschrieben worden wäre. Auf der einen Seite die Ankläger: Josef Schuster, Präsident des Zentralrats der Juden; Felix Klein, der Antisemitismusbeauftragte der Bundesregierung; dazu jüdische Organisationen wie die Jewish Claims Conference, die Jüdische Studierendenunion und das American Jewish Committee. Sie alle griffen die Vorwürfe auf und attestierten der deutschen Kunst- und Kulturszene ein generelles Antisemitismusproblem. Auf der Gegenseite versammelten sich Teile der kulturellen Elite des Landes und sahen die Kunstfreiheit in Gefahr durch rücksichtslose (jüdische?) Zensur. So kritisierte die *Süddeutsche Zeitung*, dass gegen die Documenta-Verantwortlichen »Wortkeulen wie ›Antisemitismus‹« zum Einsatz kämen.[53]

Die beiden Lager stritten sich vorgeblich über Antisemitismus, doch der Dissens kreiste wieder hauptsächlich um das Thema Israel. Warum fiel die Bewertung des Banners von Taring Padi so einhellig aus, während bei den anderen Kunstwerken darüber so heftig gestritten wurde? Bei ersterem war eine der antisemitisch dargestellten Figuren nicht als Israeli erkennbar. Er war ein gewöhnlicher orthodoxer Jude mit Kippa und Schläfenlocken, der in antisemitischer Bildsprache gezeichnet wurde. Ganz anders scheint die öffentliche Reaktion zu sein, wenn der antisemitisch dargestellte Jude ein Israeli ist. Ein israelischer Soldat mit Hakennase im Bild von Burhan Karkoutly? Laut *Berliner Zeitung* kein Problem! Das Motiv sei »zwar der europäischen antisemitischen Bildsprache« entliehen, aber es hätte doch im nahöstlichen Kontext eine ganz andere Bedeutung.[54] Mit anderen Worten: Die Kritik an Israel rechtfertigt die Verwendung antisemitischer Bildsprache.

Parallel zur Debatte um einzelne Kunstwerke setzte sich die Diskussion um die BDS-Frage fort. Zum einen wurde kritisiert, dass unter den 1.500 Künstlern auf der Documenta offenbar keine jüdisch-israelischen zu finden waren. Der Vorwurf eines »stillen Boykotts« stand im Raum.[55] Zum anderen wurde schon vor Ausstellungsbeginn die BDS-Nähe der Künstler beanstandet.[56] Einige Monate später unterzog die *Welt* tatsächlich den Großteil der Documenta-Beteiligten einer »Prüfung« und kam zu folgendem Ergebnis: Unter den 2.267 an der Documenta beteiligten Mitarbeitern und Künstlern seien mindestens 84, die »Aufrufe zum Israel-Boykott« unterzeichnet hätten.[57] Die BDS-Kritiker fühlten sich in ihrer Position bestätigt: Wer sich die Boykottbewegung BDS ins Bett hole, der wache am nächsten Morgen mit Karikaturen aus dem Stürmer auf.[58] Der Befund lässt sich aber auch anders interpretieren: Nur etwa drei Prozent der Künstler auf der Documenta hatten mit der BDS-Bewegung zu tun. Es kann durchaus hinterfragt werden, ob die Nähe zur BDS-Bewegung tatsächlich als Grund für das Aufzeigen von judenfeindlichen Motiven auf der Documenta gesehen werden kann.

Wie in der Mbembe-Debatte zeigt auch die Documenta, dass die beiden konträren Positionen zu Israel in eine Sackgasse führen. In beiden Skandalen wurden internationale Kultur- und Kunstveranstaltungen als Schauplatz genutzt, um zu versuchen, die Deutungshoheit in der Debatte über Israel zu erringen. Dass beide Seiten damit gescheitert sind, ist eine gute Nachricht. Denn beide vertreten eine Agenda, die eine offene Auseinandersetzung verhindert und letztendlich totalitäre Denkmuster festigt.

Zugleich zeigte sich in der Documenta-Debatte erneut, dass ein Dialog zwischen Vertretern beider Ideologien kaum noch möglich ist. Das kann ich aus eigener Erfahrung berichten. Schon vor Beginn sollte ich auf Einladung der Documenta bei einer Veranstaltung unter dem Namen »We need to talk!«, Wir müssen reden!, über Antisemitismus und postkoloniales Denken mitdiskutieren. Kurz vor dem Termin erreichte mich die Absage: »Zum jetzigen Zeitpunkt scheint das Ziel, das die Documenta mit der Gesprächsreihe erreichen wollte, nämlich im Vorfeld der documenta fifteen einen multiperspektivischen Dialog jenseits institutioneller Rahmen zu eröffnen, nur schwer umsetzbar«, hieß es in der Erklärung.[59]

Inzwischen habe ich erfahren, wie stark umkämpft die Diskussionsveranstaltung im Vorfeld war. Auf einer Seite hatte sich unter Künstlern und im Documenta-Team Protest geregt, wieso »Zionisten« zu dieser Diskussion eingeladen worden seien. In einem Fall, so wurde mir aus dem Organisationsteam berichtet, drohte der Zuständige für die Technik zu streiken, sollte der »Zionist« Natan Sznaider eine Bühne bekommen. Auf der anderen Seite fühlte sich der Zentralrat der Juden nicht ausreichend eingebunden und wandte sich mit einem Brandbrief an Kulturstaatsministerin Claudia Roth.[60] Kein Wunder, dass unter diesen Umständen die Veranstaltung abgesagt wurde.

Als mich Sabine Schormann, die damalige Generaldirektorin der Documenta, nach der Eröffnung anrief, ob ich die Documenta beraten könne, ahnte ich schon, dass mich keine einfache Aufgabe erwarten würde. Ich sollte nun die Sache in die Hand nehmen, die Wogen glätten und einen Dialog starten zwischen Kritikern, Künstlern und Öffentlichkeit. Zudem sollte ich Ruangrupa bei der Bewertung der anderen Kunstwerke unterstützen. Das klang spannend und herausfordernd. Dennoch bewiesen die Tage danach, dass meine Versuche, eine kritische Auseinandersetzung über Antisemitismus und die Grenzen der Kunstfreiheit anzuregen, nicht wirklich gewollt waren. Die Auftraggeberin schien plötzlich selbst nicht mehr von ihrer eigenen Idee überzeugt zu sein. Nachdem ich merkte, dass sich das Interesse an einem Austausch in engen Grenzen hielt und alle Beteiligten eigentlich ganz zufrieden damit waren, in ihren Wohlfühlpositionen zu verharren, zog ich mich nach nur rund drei Wochen als externer Berater zurück. Ich hatte gemerkt, wie gering das Interesse und die Bereitschaft waren, sich mit abweichenden Positionen auseinanderzusetzen.

Begegnung mit Documenta-Besuchern

Wenn es mit der Documenta-Leitung nicht weitergeht, kann man doch versuchen, direkt vor Ort mit den Besuchern zu sprechen, war meine neue Idee. Daher stand fortan ein Team der Bildungsstätte Anne Frank in Kassel auf dem Friedrichplatz bereit und wartete auf interessierte Gesprächspartner. Schnell sprach sich herum, dass es einen Ort für Austausch und Diskussion gab, und mit etwas Geduld und Glück gelang es Hunderten Besuchern, den Stand jenseits der großen Publikumsrouten zu finden. Eine Gruppe junger Frauen hatte Fragen: Was genau war antisemitisch an den Bildern? Sei es überhaupt politisch vertretbar, auf der Documenta zu sein? Wieso gibt es keine Diskussionsangebote der Documenta zu dem Vorfall? Die Frage, was genau antisemitisch an den Bildern war, kam jeden Tag mehrmals, über vier Wochen hinweg. Geduldig wurden Grundlagenwissen über Antisemitismus vermittelt und antisemitische Bildsprache gemeinsam mit den Besuchern dechiffriert.

Aber schon am zweiten Tag ging es los: »Die Anne Frank hat hier nichts zu suchen!«, schrie ein wütender älterer Mann in beigefarbenen Shorts und Weste, »habt ihr nicht schon genug Schaden angerichtet?« Aus einer Kasseler Seniorengruppe raunte es, der enorme Einfluss der Juden in unserer Gesellschaft zeige sich ja schon daran, dass »uns«, also ihnen, wegen eines solch kleinen antisemitischen Vorfalles die ganze Documenta kaputt gemacht worden sei. Sie fühlten sich durch die Diskussionen in den Feuilletons in »unserem«, also ihrem, kulturellen Stolz verletzt.

Was man immer in diversen Varianten zu hören bekam: Wir – wer auch immer damit gemeint sein mochte – hätten eine Zensur betrieben, die an die NS-Zeit und den Umgang der Nazis mit »entarteter« Kunst erinnerte. Ein gut gekleideter Besucher in den Vierzigern prangerte an, dass sich Deutschland von »seinen« Juden geißeln ließe und sich ihretwegen als schlechter Gastgeber gegenüber den Gästen aus Indonesien erwiesen hätte.

»Wenn sich Israel im Nahen Osten so verhält, sollte man sich nicht über solche Bilder wundern«, kommentierte ein Kunststudent mit Baseballcap. Angeblich war das alles nämlich ein Ablenkungsmanöver von Israel, vom Mossad, um Aufmerksamkeit von der getöteten palästinensischen Journalistin Schirin Abu Akle abzuwenden.

Nicht nur Kritik, sondern auch »Solidaritätsbekundungen« schlugen fehl. Eine Lehrerin aus Nordrhein-Westfalen bemerkte freundlich: »Nun, was haben Sie erwartet? Wenn wir Künstler aus dem globalen Süden einladen, dann laden wir uns auch den Antisemitismus ein.«

Ende August habe ich Kassel und die Documenta endgültig verlassen. Sie lief zwar noch einen ganzen Monat
weiter, aber mir reichte es. In Frankfurt ließ ich die Begegnungen und Gespräche Revue passieren. Ich fragte mich,
welche Erkenntnisse sich aus dem Documenta-Schlamas-
sel ziehen lassen. Beide Positionen sind in sich geschlossen. Sie machen es unmöglich, die komplexe Realität zu
beschreiben und zu diskutieren. Ein Teil der Kulturelite –
und offenbar Großteil der Besucher – vertritt die Vorstellung, die Deutschen sollten sich von der Last ihrer Vergangenheit befreien und sich dem globalen Süden zuwenden.
Der andere Teil – und mit ihm die große Mehrheit der
deutschen Politik – lehnt das entschieden ab. Die Documenta-Debatte hat bewiesen, dass es in der deutschen Politik (noch immer) solide anti-antisemitische Instinkte gibt,
die solche Ansinnen ablehnen, auch wenn sie nicht vom
rechten Rand artikuliert werden. Auf der anderen Seite
wurde klar, dass es nicht gelingen kann, BDS-Unterstützer
aus dem öffentlichen Leben zu verbannen. Die investiga-
tive Arbeit der *Welt* zu den 84 »BDS-Verdächtigen« blieb
glücklicherweise ohne Folgen für die Angeprangerten.
Was wäre die Alternative? Die Künstler vor Ablauf ihrer
Visa abzuschieben?

Und ich wage eine Prognose: Da beide Lager in der Debatte keine Deutungshoheit erlangt haben, wird sich die
Diskussion über Israel, die BDS-Kampagne und Antisemitismus beim nächsten passenden Anlass fortsetzen. Es
wird bei den alten Konflikten bleiben – und bei neuen Versuchen, die Gegenposition zu delegitimieren.

Warum ist eine Diskussion
um BDS in Deutschland unmöglich?

Hinter der BDS-Debatte steht eine grundlegende Frage: Wann ist Feindschaft gegen Israel auch Antisemitismus? Als gebürtiger Israeli tue ich mich schwer damit, die Feindschaft der arabischen Staaten gegenüber Israel als reinen Antisemitismus zu interpretieren. Als Jugendlicher in Israel wäre ich nie auf die Idee gekommen, dass die Angriffskriege der arabischen Staaten gegen Israel oder der arabische Boykott Ausdrucksformen von Antisemitismus sein könnten. Natürlich trägt der andauernde militärische Konflikt dazu bei, dass Antisemitismus in arabischen Staaten virulenter wird. In einigen Ländern gehört er gar zur Staatsideologie. Dennoch: im Kern geht es vor allem um den politisch-militärischen Konflikt mit Israel. Der allgegenwärtige Antisemitismus in der arabischen Welt ist – wenn man so will – nur Mittel zum Zweck, um gegen den israelischen Staat zu agitieren.

Das ist ein wesentlicher Unterschied zur Situation in Deutschland. Zwischen Israelis und Palästinensern gab und gibt es einen realen, handfesten Konflikt – zwischen Juden und Deutschen jedoch nie. Die Vorstellung, es habe zwischen ihnen im 19. Jahrhundert oder Anfang des 20. Jahrhunderts eine vergleichbare konkrete Auseinandersetzung gegeben, war eine Wahnidee von Antisemiten – oder wie Theodor Adorno und Max Horkheimer in der »Dialektik der Aufklärung« das nannten, eine »pathische«, also krankhafte Projektion.[61] Diese Einbildung wurde so wirkmächtig, dass sie die Deutschen zum millionenfachen Mord an den Juden motivierte. Der palästinensisch-israelische Konflikt ist dagegen keine Einbildung der Beteiligten, sondern sehr real. Das bedeutet wiederum nicht, dass unter Palästinensern und Arabern kein Antisemitismus zu finden ist. Es bedeutet nur, dass nicht alle Ausdrücke des Hasses gegen Israel gleich als Antisemitismus zu verstehen sind.

In der aktuellen deutschen Debatte um die BDS-Kampagne geht es leider nur selten um die Frage, was Israelis und Palästinenser Richtung Frieden bewegen könnte und ob der Boykott gegen Israel dafür ein geeignetes Mittel wäre. Es geht nur darum, ob das Wort »Israel« und das Wort »Juden« synonym verwendet werden können. Der Bundestag hat dies in seinem Beschluss von 2019 bejaht. Dass der Beschluss kaum umzusetzen ist, zeigt wiederum sehr deutlich, dass die Gleichsetzung von Juden und Israelis falsch ist.

Solange die eine Seite Israelboykott *immer* als Form des Antisemitismus sieht und die andere Seite Boykott *immer* als legitimes Mittel im palästinensischen Kampf für Freiheitsrechte, werden wir von einem Skandal zum nächsten stolpern. Solange in Deutschland beide Seiten den Konflikt zwischen Israel und den Palästinensern nur als Projektionsfläche nutzen, um ihre eigene moralische Überlegenheit zur Schau zu stellen, wird keine aufgeklärte Diskussion möglich sein.

Aus der Geschichte verlernt

Die Linke und der Nahostkonflikt

Politisch links zu sein, bedeutet in Israel etwas ganz anderes als in Deutschland. Das habe ich gemerkt, als ich als Student an der Ludwig-Maximilians-Universität München den Kontakt mit linken Gruppen suchte. In Israel habe ich mich politisch engagiert, in Deutschland bin ich mit politischen Gruppen und Organisationen nur in Berührung gekommen. Denn bis heute – auch wenn ich mich als Linker definiere – habe ich das Gefühl, in linken deutschen Kreisen ein Outsider zu sein. Dieses Gefühl der Fremdheit hat nur zum Teil mit politischen Differenzen zu tun. Es geht vielmehr um die politische Sozialisation. Sie ist es, die eine kollektive Identität schafft. Darüber hinaus fehlt mir das soziale Know-how, um Teil dieser sehr deutschen Subkultur zu sein.

In München wurde mir klar, dass sich die DNA der linken politischen Sozialisation in Israel von der in Deutschland offensichtlich sehr unterscheidet. Nicht allein, dass mir die sprachlichen Codes, der Kleidungsstil und die Kunst des Zigarettenrollens fremd sind, auch in den Diskussionen konnte ich nicht mithalten. Das lag nicht nur an meinen Sprachkenntnissen, sondern auch daran, dass mir die Vorgeschichten fehlten: Wer gehörte vorher zu welcher

Untergruppe? Was hat jemand vor vielen Jahren mal gesagt? Und mit wem war wer schon damals befreundet oder verfeindet?

Irgendwann stellte ich mir die Frage, ob ich mich mit meiner Politisierung in Israel in Deutschland überhaupt links nennen darf. Schließlich waren unsere Feinde nur die Rechten – Siedler im Westjordanland oder die Hooligans der Likud-Partei –, nicht die anderen linken Splittergruppen. Wir kümmerten uns weder um uralte Aussagen anderer Linker noch rieben wir uns in Kämpfen mit anderen auf, die dieselben Ziele wie wir auf unterschiedlichen Wegen erreichen wollten.

Es ist wohl die Überzeugung jeder politischen Gruppe, auf der richtigen Seite der Geschichte zu stehen. Allerdings scheint mir gerade die deutsche Linke der Auffassung zu sein, dass die kleinste politische Differenz schon reicht, um eine andere Gruppe als Feind zu betrachten. Den Eifer und die Energie, mit denen innerlinke Kämpfe hier geführt werden, kannte ich aus der politischen Sozialisation meiner Heimat nicht. Und um kein Thema kämpft die deutsche Linke so erbittert wie um das Verhältnis zu Israel, kein Thema hat mehr Bedeutung für die Definition der »Wir-Identität«. Es stimmt, dass der Nahostkonflikt auch für Linke in anderen Ländern ein wichtiges Thema ist, aber nur in Deutschland trägt er so zentral zu einer innerlinken Revierbildung bei. Je länger ich hier war, desto mehr drängte sich mir die Frage auf, warum ausgerechnet er der Maßstab sein soll, welche linke Gruppe auf der »richtigen« und welche auf der »falschen« Seite steht.

Mit der Antwort darauf, wie man zu Israel steht, wird also nicht nur eine inhaltliche Position bezogen, sondern auch eine politisch-moralische, die allem anderen vorangeht. Da es hier selten um einen konkreten Sachverhalt, sondern fast immer um die Vergewisserung der Gruppenidentität geht, üben sich alle Beteiligten in Vereinfachungen, um Klarheit über die Bösen und die Guten im Nahostkonflikt zu schaffen. Die Identifikation mit einer Konfliktpartei schafft eine »Wir-Identität«, die bis zur Übernahme der Identitäten des Identifikationsobjekts reicht: das beliebte Tragen eines Palästinensertuchs bei den einen, eines T-Shirts mit IDF-Schriftzug (Israel Defense Forces) bei den anderen.

Zugegeben: Es ist alles andere als leicht, in diesem komplexen und langjährigen Konflikt eine linksprogressive, rassismus- und antisemitismuskritische Haltung zu finden. Trotzdem ist es verwunderlich, dass ausgerechnet ein lokal begrenzter Konflikt auf einem anderen Kontinent so eine zentrale Rolle für die deutsche Linke einnimmt. Es liegt auf der Hand, dass in der linken Debatte über den Konflikt nicht nur die Situation dort verhandelt wird, sondern (und vielleicht sogar mehr) die Frage, wer »wir« eigentlich sind. Haben »wir« von der Geschichte gelernt? Sind »wir« jetzt auf der Seite der Guten?

Die Spaltung der deutschen Linken zwischen »antideutschen Israelfreunden« und »linksradikalen Israelfeinden« (Martin Kloke) ist eine nationale Besonderheit und wird außerhalb der Bundesrepublik oft mit Verwunderung aufgenommen. In anderen westlichen Ländern pflegt die Linke seit Ende der 1960er-Jahre meist eine starke antiimperialistische Argumentation, die sich vor allem gegen die vermeintliche Vormachtstellung der USA und Israels richtet, sowohl in wirtschaftlicher als auch militärischer Hinsicht.

»Links zu sein heißt, im Nahostkonflikt in der Regel und in den meisten Ländern mehr oder weniger stark die Palästinenser zu unterstützen bzw. Israel kritisch bis feindlich gegenüberzustehen.«[1] Diese Sichtweise begreift Israel vor allem als westlichen Satellitenstaat in einem nicht westlichen Umfeld, als quasi imperiales oder koloniales Projekt, das mit Geld und Militärleistungen aus den USA am Leben gehalten wird. Der jüdische Charakter Israels wird dabei entweder kleingeredet oder in Verschwörungsmythen eingereiht, wobei es dieser gar nicht zwingend bedarf, um es in der Formel »arme, schwache arabische Ureinwohner wehren sich gegen reiche, gut gerüstete Invasoren« auf den Punkt zu bringen. Auch in Westdeutschland prägte diese Sichtweise bis Ende der 1980er-Jahre das Verhältnis der »neuen Linken«[2] zu Israel.

Der antiisraelische Turn 1967

Eine wichtige Zäsur im Verhältnis der westdeutschen Linken zu Israel war der sogenannte Sechstagekrieg 1967. Mit dem überlegenen Sieg über Ägypten, Syrien und Jordanien und der folgenden Besatzung der Golanhöhen, der Sinaihalbinsel, des Gazastreifens und des Westjordanlands wurde der jüdische Staat in den Augen vieler westdeutscher Linken zum Teil des westlichen Imperialismus und Kolonialismus. Das war ein klarer Bruch mit dem Israelbild, das vorher unter vielen Linken in Deutschland geherrscht hatte. Das Schuldbewusstsein für die deutschen Verbrechen des Zweiten Weltkriegs hatte manche von ihnen Israel positiv sehen lassen; auch wurde der Pioniergeist bewundert, etwa die

Verwirklichung sozialistischer Ideen in den Kibbuzim, bei denen sich Israel nicht von der Sowjetunion vereinnahmen ließ. Dem Politikwissenschaftler Martin Kloke zufolge war keine Linke so proisraelisch eingestellt wie die deutsche vor 1967 und keine so antiisraelisch wie die deutsche nach 1967.[3] Die Idealisierung des Landes in den 50er- und 60er-Jahren steht in Kontrast zum radikalen, antiimperialistischen Antizionismus der 70er- und 80er-Jahre. Der Schwenk vom einen Extrem zum anderen vollzog sich rasant.

Der Philosoph Herbert Marcuse, Vordenker und Leitfigur der 68er-Bewegung in Deutschland, erklärte 1967, er fühle sich »mit Israel solidarisch und identisch«[4] – bald sollte es genau die friedensbewegte Linke der Studentenbewegung sein, die gegen Israel und für den Befreiungskampf der Palästinenser Stellung beziehen würde. Das geschah auch als Reaktion auf proisraelische Positionierungen in der bundesdeutschen Öffentlichkeit: Viele Politiker, darunter auch solche mit nationalsozialistischer Vergangenheit wie der damalige Bundeskanzler Kurt Georg Kiesinger (CDU), wie auch Medien, allen voran die Zeitungen des Springer-Verlags, begleiteten die israelischen Erfolge mit Wohlwollen. Da der Zorn der Studierenden sich sowohl gegen die halbherzige Entnazifizierung der Elterngeneration als auch gegen die Macht von Springer richtete, lag es nahe, sich mit der Gegenseite zu solidarisieren.[5]

Den Wandel machte etwa auch Ulrike Meinhof durch, die kurz nach dem Sechstagekrieg noch geschrieben hatte, es gebe »für die europäische Linke keinen Grund, ihre Solidarität mit den Verfolgten aufzugeben, sie reicht in die Gegenwart und schließt den Staat Israel ein.«[6] 1972 hatte Meinhof, inzwischen RAF-Terroristin im Untergrund, ihre Position geändert. Für sie war die Ermordung der israelischen Sportler bei den Olympischen Spielen nun ein Vorbild für Antiimperialismus und Antifaschismus.[7] Nicht umsonst bezeichnete Joschka Fischer (der zur Minderheit in der Linken gehörte, die den vorherrschenden Antizionismus kritisch sahen) Israel 1982 in einem Aufsatz als den »Alptraum der deutschen Linken«[8] – damals gab es erste Stimmen innerhalb der Linken, die eine differenziertere Sichtweise auf den Nahostkonflikt forderten.[9] Doch bis sie sich Gehör verschaffen konnten, sollten noch einige Jahre vergehen. Tatsächlich kam es dann auch nicht zu einer Differenzierung, sondern zu einer wuchtigen Gegenbewegung.

Der antideutsche Turn 1990/91

Anfang der 90er-Jahre entwickelte sich mit den sogenannten »Antideutschen« eine politische Strömung, die der nahezu kompromisslosen Unterstützung der Palästinenser eine nahezu kompromisslose Unterstützung von Israel entgegensetzte. Zwei Ereignisse trugen zur Bildung dieser Strömung bei: die deutsche Einheit 1990 und der Golfkrieg 1991.[10] Die Wiedervereinigung war auf der radikalen Linken verknüpft mit der Furcht vor neuem Großmachtstreben Deutschlands und einem neu erstarkenden Nationalismus – zwei Weltkriege inklusive Völkermord sollten Grund genug sein, sich einem ›Vierten Reich‹ entgegenzusetzen. Schon am 3. Oktober 1990 demonstrierten Linke unter dem Motto »Deutschland, halt's Maul« gegen die Vereinigung, später wurde auch der Slogan »Nie wieder Deutschland« populär. Diese Parolen zeigen eine klar gegen Deutschland gerichtete, also im Wortsinne antideutsche, Positionierung. Der Konflikt in Nahost spielte zunächst noch keine große Rolle, Israel war vor allem im Rückgriff auf Erinnerungen Thema,[11] die auch eine inhaltliche Beschäftigung mit der Shoah und Antisemitismus beinhalteten.

An dieser Stelle muss angemerkt werden, dass weder Antideutsche noch Antiimperialisten eine homogene Gruppe darstellen. Beide Strömungen sind extrem heterogen, um nicht zu sagen diffus. Es ist schwer zu beziffern, wie viele Gruppen oder Einzelpersonen jeweils zu den Radikalen der beiden Seiten gehören. Tatsächlich gibt es wohl viel mehr Menschen, die nicht bis ins Extrem gehen, sondern eher bestimmte Sympathien haben – zum Beispiel, indem sie sich klar für das Existenzrecht Israels aussprechen, ohne dabei Ressentiments gegen Palästinenser zu bedienen oder die israelische Siedlungspolitik zu kritisieren, ohne auf uralte antisemitische Bilder von »Kindermördern« und »Brunnenvergiftern« zurückzugreifen. Aber das sollte nicht darüber hinwegtäuschen, wie wirkmächtig die Frage nach Zugehörigkeit zu einer der beiden Strömungen ist. Die beschriebenen anekdotischen Ausreißer illustrieren deutlich, wie unversöhnlich sich die Seiten gegenüberstehen, wie tief und plötzlich Gräben aufreißen, wenn es um die Nahostfrage geht, und wie sehr die Frage nach Palästina oder Israel andere inhaltliche Punkte überlagert.

Mit dem Golfkrieg 1991 kam es dann zu einem direkten Bezug auf Israel: Der irakische Diktator Saddam Hussein hatte 1990 das Emirat Kuwait besetzt, und eine westlicharabische Koalition unter Führung der USA griff Anfang 1991 Irak an, um Kuwait zu befreien. In Deutschland gingen Linke gegen den Krieg auf die Straße (ein populärer Slogan dabei war »Kein Blut für Öl«), den meisten galten die USA unter George Bush senior als alleiniger Aggressor. Die Tatsache, dass Irak in dieser Zeit Israel mit Raketen angriff, um sich als panarabischer Vorkämpfer zu präsentieren und Solidarität aus anderen arabischen Ländern zu erfahren (in der Hoffnung, dass Israel in den Krieg eingreift), wurde von ihnen weitgehend ignoriert. Auch dass deutsche Firmen in der Vergangenheit Irak zur Herstellung von Chemiewaffen befähigt hatten, Israel also durch Giftgas bedroht war, war unter deutschen Linken zunächst kein Thema – nur wenige schrieben darüber, etwa in der Zeitschrift *konkret*.[12]

So bildete sich ein neues Selbstverständnis heraus, das sich nicht mehr auf Antiimperialismus, Antikolonialismus und Antizionismus bezog, sondern auf Antinationalismus, Antifaschismus und den Kampf gegen Antisemitismus. Aufbauend auf der Gesellschaftskritik der »Frankfurter Schule«, also der Kritischen Theorie von Philosophen wie Max Horkheimer und Theodor W. Adorno, stellten sie Grundprinzipien linken Denkens infrage. Der Kern antideutscher Kritik war antinational und gegen Deutschland gerichtet, das »Nie wieder« ist die Maxime ihres politischen Denkens: nie wieder ein starkes Deutschland, nie wieder Holocaust. Israel als einziger jüdisch geprägter Staat weltweit ist für sie das einzige Land, in dem Juden nicht von einer latent antisemitischen nicht jüdischen Mehrheit unterdrückt werden können. Damit sind Existenz und Sicherheit Israels nicht verhandelbar. Wer Israel gefährdet, stellt sich in eine Reihe mit Nazis und muss bekämpft werden.

Viele Antideutsche zeigten keine Scheu, auch einen rechtspopulistischen israelischen Ministerpräsidenten wie Benjamin Netanjahu zu unterstützen, einfach weil er gegenüber den Palästinensern Stärke zeigt und damit die Existenz Israels sichert. Manche, wie der linke Publizist Thomas Ebermann, sahen das ganz grundsätzlich: »Ich meine, dass man in Deutschland nicht gegen Israel und auch nicht gegen die konkrete Regierungspolitik in Israel demonstrieren kann.«[13]

Ähnlich verhält es sich mit der israelischen Armee, die in manchen antideutschen Milieus verherrlicht wird. Und republikanische US-Präsidenten wie George W. Bush oder Donald Trump wurden von einzelnen Antideutschen gepriesen – weil sie einen klaren Kurs gegen Staaten fuhren, die Israel gefährden: bei George W. Bush Irak, bei Donald Trump Iran (zumal Trump die US-Botschaft von Tel Aviv nach Jerusalem verlegte und damit der israelischen Besatzung von Ostjerusalem Legitimität verlieh). Antideutsche lernen Hebräisch und pilgern nach Israel, um im Kibbuz zu jobben. Sie lehnen die *taz* ab (wegen vereinzelter israelkritischer Texte) und lesen lieber Springer-Presse wie die *Welt*, weil Springer dezidiert pro Israel ist.[14]

Auch Hedonismus spielt eine Rolle. Entgegen der asketischen Kultur vieler linker Milieus betonen sie die Bedeutung von Partys, Drogen und Exzessen; einer als regressiv und kryptonationalistisch empfundenen Kapitalismuskritik setzen sie die provokative Feier kapitalistischer und amerikanischer Errungenschaften entgegen, von Marken wie McDonald's und Coca-Cola. Hier beruft man sich oft auf ein Zitat des Autors Wolfgang Pohrt: »Mögen anderswo dem amerikanischen Kulturimperialismus die tradierten Lebensformen ganzer Nationen zum Opfer gefallen sein, in Deutschland aber begann mit dem amerikanischen Kulturimperialismus nicht die Barbarei, sondern die Zivilisation. In diesem Land ist jede weitere Filiale der McDonald-Hamburger-Kette eine neue Insel der Gastfreundschaft und eine erfreuliche Bereicherung der Esskultur.«[15]

Neben solchen eher harmlosen Gesten, die einen als reaktionär empfundenen linken Konsens herausfordern und zur Selbstreflexion anregen sollen, hat sich ein »rechtsantideutsches« Milieu nicht zuletzt im Zuge der sogenannten Flüchtlingskrise 2015 radikalisiert, sich auch von der Selbstdefinition als »links« befreit und dabei auch jede Form von grundlegender Gesellschaftskritik über den Haufen geworfen. Sie waren angetreten zu verstehen, wie Auschwitz passieren konnte und wie sich eine Wiederholung verhindern ließe. In den Fußstapfen der Kritischen Theorie bedeutete das auch immer, die bürgerliche, kapitalistische Gesellschaft zu kritisieren. Gelandet sind sie jedoch bei der Verteidigung ihrer Errungenschaften, denn die »Barbarei« wäre noch schlimmer. In dieser Nebenströmung definiert man sich über die radikale Ablehnung »des« Islam, der als monolithisch, antihumanistisch und letztlich als eigentliche Wiederkehr des Faschismus gekennzeichnet wird. Weit davon entfernt, bloße »Religionskritik« zu üben, bedienen die Autoren je nach Radikalisierungsgrad rassistische Klischees, etwa von der muslimischen »Bruderhorde« der Umma, die als Bedrohung »des Westens«, der Zivilisation selbst gezeichnet wird.[16] Vor der weltweiten Gefahr des muslimischen Antisemitismus müsse die

Kritik an genuin deutschem Antisemitismus zwingend zurückstehen. Der Antisemitismus im Lande Hitlers und Luthers wird als das geringere Übel gekennzeichnet; wenn nicht, wird er lediglich als Helfershelfer des globalen muslimischen Antisemitismus imaginiert. Dass mehrere antisemitische Terrorattentate der vergangenen Jahre auf Täter zurückgehen, die über den Islam ganz ähnlich dachten, wird dabei meist ausgeblendet. In der völlig entgrenzten Verteidigung dessen, was hier als »aufgeklärter Westen« oder »bürgerliche Restvernunft« imaginiert wird,[17] entledigen sich die (überwiegend männlichen, weißen und nicht jüdischen) Autoren sowohl der eigenen Aufklärung und Vernunft, um Stammtischparolen mit Adorno-Zitaten aufzuwerten. Dass einige dieser Autoren dann bei Springer anheuern, ist nur konsequent. Die Strahlkraft dieser Untergruppierung darf zwar nicht überschätzt werden; sie wird oft genug durch »linksantideutsche« Interventionen begrenzt und ist mit der wachsenden Randständigkeit der Strömung auch im Schwinden begriffen. Dennoch führt das Engagement rechtsantideutscher Gruppierungen Linker zu skurrilen Allianzen, die etwa darin münden, dass sich zum Beispiel diese an der Uni Frankfurt schützend vor eine Aktivistin der rechtsradikalen »Identitären Bewegung« stellten.[18] Die an der Universität angeblich »hegemoniale[.] Linke[.]« bezeichneten sie nach dem Outing der Aktivistin als »alarmschlagende[.] Denunziantencrew«; einer »antifaschistischen Diskursmacht« stellten sie den Wunsch nach »zivilisierte[n] Umgangsformen« entgegen und die Empfehlung, sich statt mit der IB mit den wahren Faschisten zu befassen: der örtlichen Islamistenszene.[19] Doch bei der Gegenseite, bei den Antiimperialisten, ist es nicht viel anders. Ihr Standpunkt im Nahostkonflikt ist ähnlich festgefahren und es fehlen jede Differenzierung und Offenheit gegenüber Argumenten, die die eigene Position infrage stellen könnten, sodass auch hier kaum noch von »links« gesprochen werden kann. Etwa, wenn kritiklos Terrororganisationen wie die Hamas oder Hisbollah unterstützt werden – Hauptsache, es geht gegen Israel. Dass Israel der einzige Nahoststaat ist mit einer funktionierenden Demokratie, wird ebenfalls ausgeblendet.[20]

Antiimperialisten und ihr Hass auf Israel

Das hat Tradition. Die nach 1968 entstehenden linken Terrorgruppen RAF, Revolutionäre Zellen und »Bewegung 2. Juni« arbeiteten eng mit palästinensischen paramilitärischen Organisationen zusammen, und auch das sympathisierende Umfeld der außerparlamentarischen antiimperialistischen Linken war klar in dieser Richtung positioniert. Solidarität mit der Sache der Palästinenser wurde zur Unterstützung des Terrors, etwa bei der Entführung eines Flugzeugs der Air France von Tel Aviv nach Entebbe am 27. Juni 1976 durch zwei Angehörige einer Abspaltung der Palästinensischen Befreiungsfront PFLP und zwei deutsche Terroristen, Wilfried Böse und Brigitte Kuhlmann, zwei Gründungsmitglieder der Revolutionären Zellen. Die Passagiere der Maschine wurden selektiert, allein die jüdischen (oder solche mit vermeintlich jüdischem Namen,[21] also nicht nur Staatsbürger Israels, sondern auch Franzosen) wurden als Geiseln festgehalten, darunter mindestens ein KZ-Überlebender mit tätowierter Häftlingsnummer.

In der deutschen Öffentlichkeit war die Entführung kaum Thema. Nur die deutschen Juden waren schockiert, dass es hier eine Selektion von Juden und Nichtjuden durch Deutsche gab – die meisten Linken waren demgegenüber indifferent (mit Ausnahmen wie etwa Joschka Fischer), für sie war weiterhin Israel der klassische imperialistische Aggressor, den es zu bekämpfen galt. Terror war hierfür ein probates Mittel und »Zionisten« ein geeignetes Ziel, egal, ob sie Israelis waren oder nicht. Der Übergang von Solidarität mit Palästina zu Antisemitismus ist hier fließend, oft deckungsgleich.

Man sollte meinen, dass solch ein Denken seitdem überwunden wäre – doch die linke Splitterpartei MLPD führte noch 2017 ebenjene PFLP, die an der Entführung der Entebbe-Maschine beteiligt war, auf einer Unterstützerliste.[22] Bei der von der islamistischen türkischen Organisation İnsan Hak ve Hürriyetleri ve İnsani Yardım Vakfı (İHH) maßgeblich organisierten »Gaza-Flottille« 2010 hatten zwei damalige Bundestagsabgeordnete der Linken, Annette Groth und Inge Höger, gemeinsam mit dem ehemaligen Linke-MdB Norman Paech kein Problem damit, Seite an Seite mit den Islamisten sowie türkischen Rechtsextremen von der Büyük Birlik Partisi (BBP) zu arbeiten, solange es nur gegen Israel ging.[23] Das Schiff »Mavi Marmara« etwa wurde in Istanbul mit antisemitischen Gesängen verabschiedet, immer wieder war die Rede davon, dass man als »Märtyrer« unterwegs nach Gaza sei.[24]

Beide Strömungen, Antideutsche und Antiimperialisten, sind nicht zimperlich, wenn es um die Verwendung von Nazivergleichen geht. Der Rückgriff auf die deutsche Geschichte hat dabei weder auf der einen noch auf der anderen Seite eine argumentative Wirkkraft, er dient lediglich der Dämonisierung der Gegenseite sowie dem Einschwören der eigenen Anhänger auf das gemeinsame Ziel. Antideutsche betrachten den Nahostkonflikt ohnehin vor dem Holocaust-Hintergrund, sie wollen die Juden/Israelis vor der Auslöschung bewahren. Die Araber sind die (neuen) Nazis, weil sie Israel und die Juden »ins Meer werfen«, also auslöschen wollen. Während des Golfkriegs bezeichnete Hans Magnus Enzensberger im Nachrichtenmagazin *Der Spiegel* Saddam Hussein als »Hitlers Wiedergänger«[25], ein anderer *Spiegel*-Text kritisierte die irakischen Raketenangriffe auf Israel als »zweite Endlösung der Judenfrage«[26] – auch wenn die jeweiligen Autoren nicht in erster Linie antideutsch sind, stehen ihre Formulierungen doch für eine bestimmte antideutsche Grundhaltung.

Antiimperialisten auf der anderen Seite versteigen sich darin, in den Israelis die neuen Nazis zu sehen, weil sie Palästinenser aus ihren Dörfern vertrieben haben, weil sie Palästinenser in den besetzten Gebieten unterdrücken, weil sie aus einer Position der Überlegenheit eine Minderheit drangsalieren. In dieser Sichtweise sind die Palästinenser die Opfer der Opfer von damals, und die Israelis haben nichts aus dem Holocaust gelernt. So fühlen sich Nachfahren der Täter in der Pflicht, die Nachfahren der Opfer moralisch zu belehren; die Deutschen haben in diesem Selbstverständnis etwas aus Auschwitz gelernt, die Israelis jedoch nicht. Es verwundert vielleicht nicht, dass eine derart selbstgerecht vorgetragene Kritik bei den meisten jüdischen Israelis nicht ankommt, selbst da, wo sie in der Sache berechtigt sein mag. Teilweise befeuerten deutsche Medien diese Sichtweise. Während des Sechstagekrieges bildete die Zeitung des Palästinakomitees Bonn *Al-Thaura* (*Die Revolution*) einen Davidstern ab, an dessen Spitzen Haken gezeichnet wurden – ein sechsarmiges Hakenkreuz quasi, daneben das Wort »Nazisrael«[27] – ein damals offenbar verbreitetes Symbol, das der französische Filmemacher Jean-Luc Godard bereits 1969 gezeigt hatte.[28] Die Aussage: Die Israelis sind die neuen Nazis.

Die Fernsehserie »Holocaust« wurde 1979 in der Heidelberger *Nahost-Zeitung* als »hinterhältiger Legitimationsversuch für den imperialistischen Brückenkopf Israel« beschrieben.[29] Zudem wurde Israel von Palästinafreunden ein »Ausrottungsfeldzug« gegen die Palästinenser unterstellt, auch als »Israels Endlösung« bezeichnet.[30] Am 21. Juni 1982 skandierten linke Gegner des Libanonkriegs vor der Bremer Synagoge »Juden raus«.[31] Ähnliche Töne finden sich immer wieder, wenn es in Nahost zu Auseinandersetzungen kommt. Antiimperialistische Gruppen rufen dann zu »Friedensdemonstrationen« auf, die aber vor allem dafür da sind, Israel als alleinigen Aggressor zu brandmarken:[32] Es hat für viele Deutsche offenkundig etwas Entlastendes, endlich auch die Juden als »Tätervolk« zu kennzeichnen; es relativiert die eigene Verstrickung und erlaubt es, sich von ihr zu distanzieren, ohne sie bearbeiten zu müssen. Das geschieht über unpassende Gleichsetzungen sogar teilweise in scheinbar anerkennender Weise: Die Berichterstattung im Sechstagekrieg wurde mit sprachlichen Bildern aus dem Zweiten Weltkrieg begleitet; der *Spiegel* etwa titelte am 12.06.1967 »Israels Blitzkrieg«, auch *FAZ* und *Zeit* wählten diese Worte.[33]

Nach Beginn des Libanonkriegs 1982 arbeitete beispielsweise der Schriftsteller Erich Fried Parallelen zwischen

Israel und Nazideutschland heraus, ein *taz*-Redakteur schrieb unter der Überschrift »Umgekehrter Holocaust« von einem »mit rassistischer Perfektion« verübten »Völkermord« an den Palästinensern, zuvor hatte er bereits von einem »Vernichtungskrieg« geschrieben. Ein Leserbriefschreiber ergänzte wenig später: »Die gleiche Handschrift, das Drehbuch für den Staat Israel steht in ›Mein Kampf‹. Seit heute mittag schießen die Juden mal wieder ›zurück‹. Wie Hitler auf die Polen. Hitler marschierte im Sudetenland ein und Begin im Libanon.« Immer wieder zeigte das Grünen-Milieu (zu dem die *taz* gehört) Verbindungen zu antiimperialistischem Aktivismus. 1984 besuchten vier Grünen-Bundestagsabgeordnete den Nahen Osten, Libanon, Syrien und Jordanien. In Israel wurden sie daraufhin ausgegrenzt: kein Essen im Knesset-Restaurant, keine Pressekonferenz, und Tumulte, als sie auf der Besuchertribüne der Knesset auftauchten. Parlamentarier zeigten ein Schild mit dem Spruch: »Braune Grüne raus«, eine andere Abgeordnete schimpfte: »Wir sind kein Rasthaus für Faschisten.« Zuvor hatten die Grünen ein Papier veröffentlicht, in dem sie ihre Solidarität mit der PLO erklärten und dem israelischen Staat seine Demokratie absprachen. Diese grünen Verbindungen gibt es heute auch noch: Ex-Grünen-Parteichef Jürgen Trittin etwa twitterte dem Ex-Kommunarden Dieter Kunzelmann nach dessen Tod 2018 hinterher: »Ein großer Sponti ist tot. R. I. P.« Dass ebenjener Kunzelmann für den antisemitisch und antiisraelisch motivierten Anschlagsversuch der Terrorgruppe »Tupamaros« auf die Berliner Synagoge am 9. November 1969, genau 31 Jahre nach der Reichspogromnacht, verantwortlich war, fiel offenbar nicht ins Gewicht.

Antisemitische Beschimpfungen durch linke Palästina-freunde gab es auch 2009: Das antiimperialistische Zentrum »B5« versuchte in Hamburg die Vorführung von Claude Lanzmanns Film »Warum Israel« zu verhindern, indem sie einen Checkpoint vor dem Kino aufbaute, der so aussehen sollte wie in den besetzten Gebieten. Die Aktion sollte Kritik an der israelischen Besatzungspolitik üben, aber die Situation eskalierte – es kam zu Handgreiflichkeiten, und vermummte Demonstranten riefen »Ihr Judenschweine«.[34]

Zwei Mitglieder der linken Gruppe »Arbeiterfotografie« (»Forum für engagierte Fotografie«, das der Friedensbewegung nahesteht) forderten 2008 von der Bundeszentrale für Politische Bildung (BPB), ein vermeintlich falsches Zitat des iranischen Präsidenten Mahmud Ahmadinedschad in einem Antisemitismus-Dossier zu korrigieren. Dessen Forderung, Israel von der Landkarte zu tilgen, sei ein Übersetzungsfehler.[35] Sie haben damit nicht unrecht, es gibt verschiedene Übersetzungen des Zitats, das aus einer Rede auf der Konferenz »Eine Welt ohne Zionismus« am 26. Oktober 2005 in Teheran stammt.[36] Tatsächlich kam die beanstandete Formulierung aber vom staatlichen iranischen Rundfunk IRIB News (Islamic Republic of Iran Broadcasting News Network), ist also keine Verleumdung Irans durch westliche Medien. Zudem ist die später von der BPB verwendete, korrigierte Übersetzung »Das Regime, das Jerusalem besetzt hält, muss aus den Annalen der Geschichte getilgt werden«[37] in seiner Vernichtungsfantasie gar nicht so weit von der ersten Übersetzung – zumal, wenn man den Kontext der gesamten Rede beachtet.

Nicht nur an dieser Stelle stellt sich die Frage, wieso es eine kleine Gruppe linker deutscher Aktivisten mit Schwerpunkt Fotografie für notwendig hält, sich so ausführlich mit einer Forderung des Präsidenten eines Tausende Kilometer entfernten Landes auseinanderzusetzen, in dem es nicht um sie geht oder um Deutschland, sondern um ein anderes, ebenfalls Tausende Kilometer entferntes Land. Diese – freundlich gesagt – Liebe zum Rechthaben ist typisch für das linke deutsche Milieu, ebenso wie die Verehrung und Verklärung des Staatsoberhaupts einer Theokratie, in der die Unterdrückung von Frauen, Oppositionellen und von Minderheiten zur Staatsräson gehört. Auch die Niederschlagung demokratischer Proteste bei Ahmadinedschads Wiederwahl 2009 hinderte die wackeren »Arbeiterfotografie«-Anhänger nicht daran, im Jahr 2012 im Rahmen einer Art Pilgerfahrt den Iran zu besuchen, an der auch Aktivisten wie Jürgen Elsässer und Gerhard Wisnewski teilnahmen. Die Reise endete mit einer Privataudienz bei Mahmud Ahmadinedschad.[38] In der Coronapandemie fand »Arbeiterfotografie« übrigens neue Arbeitsfelder – und unterstützte die Proteste gegen Coronamaßnahmen.

Auch die Gegenseite geht nicht zimperlich mit kriegerischer Rhetorik um. Das antideutsche »Bündnis gegen Antisemitismus Kassel« hatte seine Sternstunde in der Documenta-Debatte, da es schon vor der Eröffnung der Kunstschau gewarnt hat. Der Initiator des Bündnisses Jonas Dörge, ehmals DKP-Mitglied, konzentrierte sich in den letzten Jahren auf kritische Auseinandersetzung mit Antisemitismus der Linken.[39] Für die Webseite des Bündnisses hat er das Motiv eines israelischen Kampfjets ausgesucht, mit dem Spruch: »›Du, ich habe letztens einen Essay geschrieben, gegen die Hamas.‹ – ›So? Wie schön! Wir bevorzugen die Air Force.‹«[40] Dieser fiktive Dialog soll deutlich machen, dass mit den Palästinensern nicht mit Worten (»Essay«), sondern nur mit Militär (»Air Force«) umzugehen ist. Mich beschäftigt oft die Frage, ob Israel wirklich solche Freunde braucht, die sich zwar als Linke verstehen, aber keinen Hehl von ihrer Freude über Gewalt und Militarismus machen.

Der Wunsch nach jüdisch-israelischen Kronzeugen

Als ich 2003 nach Frankfurt kam, wusste ich nicht, was »Antideutsche« sein sollten. Ich arbeitete in der »Zionistischen Jugend«, einer jüdischen Jugendorganisation. Eines Tages kontaktierte mich die Gruppe »Prozionistische Linke«. Ihre Freude über den neuen Israeli war unverkennbar. Lass uns gemeinsam einen »Israeltag« organisieren, war ihre Idee. Nach einigen Gesprächen wuchs bei mir ein ungutes Gefühl. Ich hatte ihre Sympathie nur, solange ich mich nicht kritisch zu israelischer Politik äußerte. Wenn ich das dann doch tat, wurde meine Kritik in paternalistischer Manier schnell vom Tisch gewischt, mit dem Argument, Deutschen stehe es nicht zu, Israel (oder den damaligen Ministerpräsidenten Benjamin Netanjahu) zu kritisieren. Zu einer Zusammenarbeit kam es am Ende nicht. Ihre anfängliche Begeisterung über den neuen Israeli verwandelte sich in Enttäuschung, sogar Unmut – da ich die mir zugedachte Rolle des leidenschaftlichen Vertreters der israelischen Politik nicht übernehmen wollte.

Die Enttäuschung der Antideutschen in Frankfurt wurde im Lauf der Zeit immer größer. Zu israelkritisch sei ich, zu nah an Muslimen, war der Vorwurf – erst recht, als ich 2016 eine von der antideutschen Gruppe »Thunder in Paradise« organisierte Pro-Israel-Demonstration kritisierte, weil auf einem Transparent »Palästina, halt's Maul!« zu lesen war. Angelehnt war der Slogan an die frühen Gründungssprüche der antideutschen Bewegung, doch sollte nun nicht mehr »Deutschland« sein »Maul halten« – der Hauptfeind stand nun in der arabischen Welt, was auch eine Entlastungsfunktion haben dürfte. Die gleiche Gruppe machte sich 2018 sogar die Mühe, einen ganzen Text über mich und die Bildungsstätte Anne Frank zu verfassen und online zu stellen. Unter der Überschrift »Die Pädagogen der Demagogen. Zur Islam-Apologie der Bildungsstätte Anne Frank« beklagten sie die Bagatellisierung des »muslimischen Antisemitismus«. Allein schon der von einer Kollegin und mir verfasste Satz »Nach wie vor bildet ein nationalistisches Weltbild die Leitideologie des Antisemitismus«[41] galt als Beweis dafür – denn die Kritik an Nationalstaaten verletze zwingend auch die Legitimation Israels. Der Hinweis auf die Gefahr eines nationalistischen Antisemitismus wurde als Relativierung von Judenhass unter Muslimen gedeutet. Inzwischen werde ich von Aktivisten der antideutschen Gruppe »Bündnis gegen Antisemitismus Kassel« sogar als »notorischer Antisemitismus-Leugner« bezeichnet.[42]

Was solche Einzelfälle zeigen, ist insofern paradigmatisch: Anfangs wurde ich als »Freund« willkommen geheißen. Als klar wurde, dass mein Verhältnis zur aktuellen Politik in Israel deutlich kritischer ist und in meiner Analyse der Gefahren für Juden in Deutschland nicht die muslimische Minderheit an erster Stelle stand, wurde ich kurzerhand zum Feind erklärt. Der Vorwurf »Verharmlosung von (muslimischem) Antisemitismus« geht Antideutschen in jeder Debatte schnell von der Hand.

Doch nicht nur Antideutsche nutzen gern Israelis, um ihre ursprünglichen Positionen zu bestätigen. 2019 löste die Verleihung des Göttinger Friedenspreises an den BDS-nahen Berliner Verein »Jüdische Stimme für gerechten Frieden in Nahost« eine öffentliche Diskussion aus. Kurz danach wurde ich zu einem Podiumsgespräch im dortigen Nationaltheater eingeladen. Auf dem Podium mit dabei war auch eine ehemalige Israelin vom Vorstand der »Stimme«. Ich war als eine Art Ersatz für einen Vertreter des Zentralrats geladen, da dort niemand der Einladung gefolgt war. Offenbar aus gutem Grund: Die Stimmung in den beiden voll besetzten Sälen – bis in die Balkone hinauf – war ausnehmend befremdlich. Fast 800 Menschen waren gekommen, vor allem ältere Deutsche, wohlgemerkt ohne Migrationshintergrund. In der ersten Reihe fielen Deutsche mit arabischen Parolen am Revers auf. Die Stimmung glich bereits zu Beginn der in einem Fußballstadion. Oder doch der in einem Tribunal? Das Eingangsstatement der israelischen Preisträgerin begeisterte die Zuhörer: »Ich gehöre zu den Tätern, ich schäme mich dafür.« Donnernder Applaus. Man konnte die Katharsis im Publikum spüren. Endlich sagt eine jüdische Israelin, dass diesmal nicht die Deutschen, sondern Juden – oder Israelis – die Schurken sind.

Die Erfahrung, dass jüdische Kronzeugen in bestimmten linken Kreisen besonders willkommen sind, habe ich in

Deutschland immer wieder gemacht. Die Soziologen Klaus Holz und Thomas Haury beschreiben den Ablauf: »Man lässt einen Juden, eine Jüdin sagen, was man sich selbst nicht zu sagen traut. Die Sprecherpositionen werden ignoriert, als wäre die Kritik an ›meinem‹ Kollektiv dasselbe wie die Kritik an einem anderen Kollektiv, und, mehr noch, als könne die Differenz zwischen jüdisch-israelischen resp. jüdisch-deutschen und einer nicht jüdisch-deutschen Selbst- und Fremdverortung nach Jahrhunderten des Antisemitismus und nach der Shoah eine vernachlässigbare Größe sein.«[43] Weiter heißt es: »Die Verwendung (vermeintlicher) jüdischer Kronzeug*innen als ›gute Juden‹ ist seit alters her vielfach geübte Praxis der Antisemit*innen.«

In der deutschen Öffentlichkeit Position zu Israel zu beziehen, kommt mir manchmal wie die Kunst des Seiltanzes vor. Denn natürlich habe ich als linker Israeli weiterhin Kritik am israelischen Besatzungsregime und an einer Politik, die die Verhandlungen lieber in die Ferne verschieben als herbeiführen möchte – und ich möchte diese Kritik auch äußern können. Ich frage mich immer wieder, wie ich meine Kritik formulieren kann, ohne gleich von radikalen antiisraelischen Kreisen als Kronzeuge bejubelt zu werden. Zugegebenermaßen fällt es mir hier deutlich schwerer als bei der Distanzierung von Vereinnahmungsversuchen durch Antideutsche. Über die Jahre in Deutschland habe ich immer wieder die Erfahrung gemacht, dass meine Kritik aus dem Kontext gerissen wird. Dabei ist gerade Differenzierung notwendig – und es sind beide Seiten, die diese vermissen lassen.

Warum aber spielt dieser komplizierte, verfahrene Konflikt überhaupt eine Rolle, wenn man zusammen gegen Kapitalismus oder für LSBTIQ*-Rechte eintritt? Die Positionierung zur Israel-Palästina-Frage ist, wie schon eingangs geschildert, nicht nur irgendeine innerlinke Debatte, sie ist die identitätsstiftende Frage schlechthin. Sie steht vor jeder anderen Diskussion, quasi als Gesinnungstest. Ist der andere Freund oder Feind? Unbemerkt instrumentalisieren Linke die »Israelfrage« für eine Bildung ihrer eigenen Gruppenidentität(en).

Die Historikerin Shulamit Volkov hat den Begriff des »kulturellen Code« geprägt, um Antisemitismus im deutschen Bürgertum Ende des 19. Jahrhunderts zu verstehen.[44] Juden waren Symbole von Bildung, Freiheit und Menschlichkeit, und das Verhältnis zu ihnen markierte die eigene Selbstverortung in der Gesellschaft. Heute scheint in der deutschen Linken das Verhältnis zu Israel der kulturelle Code zu sein: die Absicherung der eigenen Gruppenidentität und die Abgrenzung von den anderen.[45]

Festival »Dear White People …« – Antirassismus und Antisemitismus

Wenn man sich die linke deutsche Szene als Fußballstadion vorstellt, dann stehen auf der einen Tribüne die Israelfans, die gegen den Antizionismus und Antisemitismus in der Linken anschreien und zugleich die Lage der Palästinenser ignorieren. Auf der Tribüne gegenüber stehen die Palästinafans und »Muslimversteher«, die die Möglichkeit ausschließen, dass über ihre »Israelkritik« auch Antisemitismus artikuliert werden könnte. Sie beklagen sich nur über den »Antisemitismusvorwurf«, der als eine Form des

Rassismus verstanden wird. So wird eine klassische Opfer-konkurrenz zwischen Juden/Israelis und Palästinensern/Muslimen hergestellt. Nun bringt das die innerlinke Diskussion nicht weiter. »Kommen Sie, sind wir hier bei der Unterdrückungsolympiade?«, lässt die Autorin Chimamanda Ngozi Adichie in ihrem Roman »Americanah« einen schwarzen Professor seinen jüdischen Kollegen fragen.

Im linksdeutschen Diskurs scheint die »Unterdrückungsolympiade« zwischen Juden und Palästinensern Konjunktur zu haben. Erst recht, seit eine neue antiisraelische Strömung im Zuge »woker« Identitätsdebatten aus dem englischsprachigen Raum nach Deutschland geschwappt ist. Laut Duden steht »woke« für »in hohem Maß politisch wach und engagiert gegen (insbesondere rassistische, sexistische, soziale) Diskriminierung«. Populär wurde der in den 1930ern unter Schwarzen US-Amerikanern entstandene Begriff im Zuge der »Black Lives Matter«-Bewegung nach der Tötung von Michael Brown 2014 durch einen Polizisten in Ferguson/Missouri – und wird inzwischen auch von politischen Gegnern benutzt, von ihnen aber abwertend gemeint.

Im Frühsommer 2021 erreichte mich eine Anfrage für die Teilnahme an einer Podiumsdiskussion des Festivals »Dear White People …« in Freiburg. Das Thema lautete: »Wie kann in Deutschland ein Sprechen über Israel/Palästina möglich sein?« Neben mir sollten auch die Islamwissenschaftlerin Alexandra Senfft und eine Vertreterin der Organisation »Palästina spricht« teilnehmen. Am Vorabend der Veranstaltung sagte »Palästina spricht« jedoch ab. Zur Begründung erklärte der Verein: Es »stellte sich nach und nach heraus, dass auf dem Panel nicht über antipalästinensischen Rassismus gesprochen werden sollte«, sondern es könnte »eine diskursive Verschiebung zur rassistischen Gleichsetzung von Palästina und Antisemitismus in den Fokus« gerückt werden.[46]

Offenbar wollte der Verein nicht mit der Frage konfrontiert werden, wieso er einige Wochen vorher eine antiisraelische Demonstration auf dem Platz der Alten Synagoge in Freiburg initiiert hatte, auf der antisemitische Parolen gerufen worden waren. Das einzige zulässige Thema für »Palästina spricht« war – Überraschung – »antipalästinensischer Rassismus«. Die Gruppe wollte sich in ihrer Komfortzone verschanzen, wo sie die alleinige Opferrolle beanspruchen konnte.

Erstaunlicherweise machten die Veranstalter mit. Statt die Veranstaltung ohne die Vertreterin von »Palästina spricht« stattfinden zu lassen, sagten sie kurzerhand die gesamte Podiumsdiskussion ab. »Wir sind wütend, dass (…) keine jüdische Stimme mehr auf unserem Festival sprechen wird.«[47] – dieses Fazit, das die Veranstalter in einer Erklärung statt der Veranstaltung verlasen, wirkt etwas unglaubwürdig, wenn man sich die Tatsache vor Augen hält, dass sie selbst die Entscheidung getroffen haben, die Veranstaltung mit dem jüdischen Teilnehmer (nämlich mir) abzusagen. Ich wäre bereit gewesen, an einer Diskussionsrunde teilzunehmen.

Es ist bezeichnend, dass ein Antirassismus-Festival ohne jüdische Stimme, also auch ohne explizite Thematisierung von Antisemitismus stattfinden kann. Zudem zeigt der Vorgang deutlich, wie schwer sich »woke« Linke tun, wenn zwei Minderheiten gegeneinanderstehen. Die meist unhinterfragte Prämisse, dass Betroffene immer recht haben, gerät dann schnell ins Wanken. Was wiegt schwerer, der Rassismusvorwurf gegen Juden oder der Antisemitismusvorwurf gegen Palästinenser?

Wie unsicher sich in dieser Frage die Veranstalter waren, zeigen auch ihre Statements im Vorfeld des Festivals, als es bereits zu Diskussionen um die Teilnahme von »Palästina spricht« kam.[48] Zuerst nahmen sie den Antisemitismusvorwurf und die Kritik verschiedener Gruppen so ernst, dass sie »Palästina spricht« ausluden. Sie positionierten sich also eindeutig aufseiten der Diskriminierten, also gegen Antisemitismus. Als dann aber Kritik von den Ausgeladenen und deren Unterstützern kam, die schnelle Ausladung sei antipalästinensischer Rassismus gewesen, schwenkten die Veranstalter um und entschuldigten sich nun dafür, antipalästinensischen Rassismus ausgeübt und damit Mitglieder von »Palästina spricht« verletzt zu haben. Nun positionierten sie sich eindeutig aufseiten der Diskriminierten, also gegen Rassismus.[49]

Es ist richtig, dass man sich gegen Antisemitismus und Rassismus positionieren sollte – aber wenn gegenseitige Anschuldigungen zur Folge haben, dass man überhaupt nicht miteinander spricht, ist keinem geholfen. Zumal es in diesem Fall (und das ist oft so) keine Bereitschaft gab, sich mit der Sache auseinanderzusetzen. Es kam allein zu Reaktionen auf Minderheitenpositionen, die immer im Recht waren – ein Dilemma. Ein Satz aus dem Veranstalter-Statement vom 19. Mai 2021 steht beispielhaft für das Problem: »Es steht uns als Kuratorium, das weder palästinensische noch jüdische Positionen hat, nicht zu, hier die Deutungshoheit einzunehmen: Wir wollen weder Betroffenen von Antisemitismus noch Betroffenen von antipalästinensischem Rassismus ihre Erfahrungen und Einschätzungen absprechen.« Damit ziehen sich die Veranstalter aus der Verantwortung, versuchen sich neutral zu geben, aber sie ignorieren, dass ihre vermeintlich »neutrale« Position dazu geführt hat, dass es Veranstaltungen von »Palästina spricht« gab, aber keine mit jüdischen Teilnehmern – und das ist im Ergebnis alles andere als neutral.

Hier zeigt sich beispielhaft, dass es problematisch ist, wenn nur noch Personen etwas zu einem Themengebiet sagen dürfen, die damit persönlich verbunden sind. Nur wer »betroffen« ist, hat eine valide Meinung. Das führt einerseits zurück auf das Konzept der Definitionsmacht,[50] andererseits auf Identitätspolitik, beides ist miteinander verwoben und wurde in besten Absichten entwickelt, nämlich um gesellschaftliche Benachteiligung und Diskriminierung zu bekämpfen. Für eine inhaltliche Auseinandersetzung ist es jedoch fatal, wenn der Hintergrund eines Sprechers wichtiger ist als seine Argumente.

Damit sind wir mittendrin in einer neuen Strömung von Israelfeindlichkeit, die sich vom »alten« Antiimperialismus unterscheidet und in den vergangenen Jahren immer stärker in die Diskussionen einsickert. Es gibt nicht wie bei Antideutschen oder Antiimperialisten ein Ereignis oder ein Jahr, das die Herausbildung dieser Strömung markiert oder bewirkt, sondern hier wirken viele Entwicklungen zusammen, die nicht zwingend in erster Linie auf Israel oder Juden abzielen – dennoch bieten sie ein Einfallstor für Antisemitismus, quasi als Beiprodukt. Dabei basiert diese neue Strömung oft auf dem bisherigen Antiimperialismus, geht aber über diesen hinaus oder ersetzt ihn mit einem Fokus auf Antirassismus.[51]

Das Beispiel des Freiburger Festivals »Dear White People ...« illustriert den Konflikt: Man will sich mit Rassismus beschäftigen, also der Diskriminierung von Minderheiten aufgrund äußerlicher Merkmale und Fremdzuschreibungen – aber die Diskriminierung von Juden kommt nur an einer Stelle vor – und wird als Thema gestrichen, wenn es zu einem Konflikt kommt. Es drängt sich der Verdacht auf, dass es hier Hierarchien von Diskriminierung gibt, zumindest unterschiedliche Bewertung, als wäre Antisemitismus weniger schlimm als Rassismus.

Der britische Comedian und Autor David Baddiel hat ein ganzes Buch über dieses Thema geschrieben, in der englischen Originalausgabe heißt es »Jews don't count«, auf Deutsch ist der Titel etwas entschärfend mit »Und die Juden?« übersetzt, aber der Inhalt ist deutlich.[52] Baddiels Argumentation bezieht sich auf den englischsprachigen Raum, doch die Diskussion schwappt in einer globalisierten Welt auch nach Deutschland und beeinflusst hier die politisch aktiven Menschen. Der Autor gibt Beispiele für ein Ranking der Diskriminierungen, in dem Juden schlechter abschneiden: Juden gelten als weiß, als privilegiert, nicht mehr als Minderheit; Antisemitismus wird zwar als eine Unterkategorie von Rassismus subsumiert, der aber nicht so schwer wiegt. Denn Juden sind »weiß« und quasi nicht von Rassismus betroffen.

Diese Feststellung Baddiels bestätigt ein Miniskandal um die US-amerikanische Moderatorin Whoopie Goldberg Ende Januar 2022. Sie sagte nebenbei über den Holocaust, dieser sei kein Fall von Rassismus gewesen, da die Hauptopfer der Nazis, Juden, Sinti und Roma, »weiße Gruppen« gewesen seien.[53] Nach Kritik musste sich Goldberg korrigieren und wurde vorübergehend vom Fernsehsender ABC suspendiert. Mit der Bezeichnung von Juden als »weiß« geht es eigentlich darum, sie als Teil der »privilegierten Dominanzgesellschaft« darzustellen. Dabei wird verkannt, dass Hautfarbe ein Konstrukt ist. Der jüdisch-niederländische Journalist Gideon Querido van Frank schreibt dazu: »Juden waren nie weiß, nie die Norm, nie die Mehrheit ... im Laufe der Geschichte wurden wir als ethnische Minderheit ausgeschlossen, verfolgt und vernichtet, und das hat verdammt wenig mit weiß zu tun.«[54] Baddiel diagnostiziert, »dass es trotz der Geschichte ihrer Verfolgung nur eine Minderheit gibt, die in den Augen der Privilegienkritiker aufseiten des Gevierts der Privilegien stehen bleibt«[55] – und das sind die Juden.

So gilt es manchmal sogar als antirassistischer Aktivismus, sich antisemitisch zu äußern – etwa, wenn Juden mit Macht und Kapital gleichgesetzt werden, die Menschen of Color unterdrücken. Hier sind Juden nicht Opfer, sondern Täter, und sich gegen sie zur Wehr zu setzen, ist nicht antisemitisch, sondern Teil des gerechtfertigten Kampfs gegen Unterdrückung. Malcolm X äußerte sich einst in diese Richtung.[56] Er wollte die privilegierten Weißen treffen, und in einer antisemitischen Wahrnehmung sind die Juden unter den Weißen noch mal extra privilegiert, quasi superweiß.

Das trifft sich wieder mit dem antiimperialistischen Israelbild, dass Israel die Speerspitze von Kapitalismus und Kolonialismus ist, sich hier die Bösartigkeit und Ausbeutung der USA und der gesamten westlichen Welt in einem einzigen Staat verdichtet – einem angeblich extrem rassistischen noch dazu.

Kein Wunder, dass Israel also auch diesen »neuen« Linken als Feindbild taugt und über andere politische Themen hinweg Gemeinsamkeit stiftet. Eine besondere Brücke wird in den letzten Jahren dabei zur Queer-Bewegung geschlagen.

Wie das funktioniert, konnte man in den vergangenen Jahren in Berlin beobachten, als der alternative Christopher Street Day (CSD) wiederholt von antiisraelischen Aktivisten gekapert wurde. Der Christopher Street Day ist eine jährlich wiederkehrende Demonstration lesbischer, schwuler, bisexueller, trans, inter und queerer Menschen (LSBTIQ), es geht eigentlich um Menschenrechte sexueller und geschlechtlicher Minderheiten, um das Recht zu lieben, wen man möchte, und der Mensch zu sein, der man ist, ohne von der Gesellschaft und Politik eingeschränkt zu werden. Im politisch bewegten Berlin hat sich schon vor Jahren von der eher homosexuell und kommerziell geprägten CSD-Parade eine alternative Demonstration – der »Transgeniale CSD« – abgespalten, die queerer, politischer und radikaler ist, etwa nie das Recht auf Ehe für homosexuelle Paare einforderte, sondern eher die Ehe abschaffen will und meist in Kreuzberg stattfindet.[57]

Eben hier hat wiederholt die Gruppe »Queers for Palestine« eingehakt, die zum Teil aus linken israelischen Expats besteht. Mit dem politischen Anspruch, die eigenen Privilegien einzusetzen, um unterdrückten Gruppen beizustehen (was durchaus auch der politische Ansatz des alternativen CSD war/ist), kritisiert sie die »Apartheid« in Israel, diagnostiziert »Pinkwashing«[58] und fordert einen Israelboykott. Nachdem die Aktivisten das in verschiedenen Jahren in Redebeiträgen (auch als Teil des

Organisationsteams) getan hatten, kaperten sie im Jahr 2019 die alternative Demonstration, den »Radical Queer March«, und skandierten lauthals Slogans wie »From the River to the Sea, Palestine Will Be Free«, Vom Fluss bis zum Meer, Palästina wird frei sein – eine Parole, die nicht das Ende der Besatzung, sondern die Abschaffung des Staates Israel in seinem gesamten Gebiet fordert. Im Jahr 2021, als es in Berlin über den Sommer hinweg über ein halbes Dutzend verschiedene CSD-Demonstrationen gab,[59] kam es in Neukölln zu einem »internationalistischen« CSD, der sich Antirassismus auf die Fahnen schrieb, womit dann aber vor allem wieder der Boykott von Israel gemeint war. »Antideutsche« waren explizit nicht erwünscht.[60]

Ob solche Veranstaltungen dazu beitragen, friedliche Kräfte im Nahostkonflikt zu unterstützen? Ob sie ein Ort sind, an dem auch queere Juden sich wohlfühlen (wenn sie sich nicht offensiv, beständig und vollständig gegen Israel stellen)? Wohl kaum. Dass Palästinasolidarität im »internationalistischen« CSD die Verfolgung und Ermordung von queeren Menschen in der palästinensischen Gesellschaft ausklammert, zeigt den selektiven Blick der woken Antiimperialismus-Aktivisten.[61]

In diese Reihe gehört auch die Diskussion um den Umgang mit dem Nahostkonflikt im linken Techno-Club »://about blank« in Friedrichshain.[62] Der Club hatte 2018 eine Party abgesagt, weil deren Veranstalter im Rahmen der BDS-nahen Kampagne #djsforpalestine zum Boykott von Israel aufgerufen hatten. In der Folgezeit flammte die Diskussion immer wieder auf, die »Kampagne für einen akademischen und kulturellen Boykott Israels« rief zu einem

Boykott des ://about blank auf, auf einer BDS-Liste tauchte der Club auch in der Kategorie »prozionistische Kultureinrichtung« auf. Im Sommer 2021 eskalierte der Konflikt mit einer hauptsächlich von Exilitalienern organisierten queeren Party, die dem Club »well-known antideutsche Views« attestierten und die Zusammenarbeit beendeten, woraufhin auch einzelne DJs ihre Gigs im ://about blank absagten.[63] Wird der Nahostkonflikt hinter dem DJ-Pult eines Techno-Clubs in Berlin-Friedrichshain entschieden? Bringt das eine friedliche Lösung in Reichweite? Auch hier: Wohl kaum.

Zugegeben: Das sind Berliner Beispiele, die in ihrer Dringlichkeit und Erregtheit typisch für die Hauptstadt sind, wo die Grenzen zwischen Party und Politik, Hedonismus und Aktivismus oft verschwimmen, wo ein breites und sehr heterogenes linkes Milieu sehr unterschiedliche Politikansätze aufeinanderprallen lässt. Es gibt aber noch einen anderen Ort, an dem Diskussionen in ähnlich polarisierter Weise, ähnlich hitzig, ähnlich erregt geführt werden: die sozialen Medien. Dank der Rahmenbedingungen eskalieren Diskussionen schnell, alles wird noch zugespitzter präsentiert.

Dabei passt die Eskalationslogik der sozialen Medien fatal zur Polarisierung in Sachen Nahost: Mit Differenzierungen lässt sich schlecht auf Social Media mobilisieren, wer Likes haben will, muss zuspitzen. Es geht hier nicht darum, andere Menschen mit Argumenten zu überzeugen oder in eine inhaltliche Diskussion zu ziehen: Der Konflikt lässt sich nicht in 280 Zeichen pressen, geschweige denn lösen, selbst wenn dazu die Absicht bestünde. Social Media dient vor allem dazu, sich seiner Truppen zu versichern:

Bin ich auf der »richtigen« Seite? Habe ich eine Position, die mir von möglichst vielen Angehörigen meiner Peer Group oder sozialen Bubble Likes einbringt?

Der Wunsch nach Zuspruch von der »richtigen« Seite lässt etwa einen Account darüber abstimmen, ob das Vorgehen Israels in den besetzten Gebieten das gleiche sei wie der Holocaust.[64] Oder wie im Fall von Yasmin Ayhan: Die ZDF-Autorin und Poetry-Slammerin hatte 2015 auf einer Veranstaltung der Hamas-nahen »Deutschen Jugend für Palästina« Israel das Existenzrecht abgestritten, später auf Instagram israelische Soldaten als »Terroristen« bezeichnet und behauptet, die Medien würden durch »Zionisten finanziert«, mit »einem Batzen Geld«.[65] Mit Screenshots der Websites der *Welt* und der *Bild*-Zeitung brüstete sich Yasmin Ayhan daraufhin auf Instagram: »Ich bin DIESE Fame yane ? Wallah wenn ich jetzt nicht blauen Haken kriege weiß ich auch nicht !!!!!«[66]

Wie sehr Social Media zu Zuspitzungen einlädt, zeigte sich auch am 20. Januar 2022, als der Berliner Landesverband der Jugendorganisation der Partei »Die Linke«, »Linksjugend solid«, in einem 16-teiligen Twitter-Thread die Vertreibung einer palästinensischen Familie aus dem Ostjerusalemer Stadtteil Scheich Dscharrah thematisierte.[67] Das Vorgehen der israelischen Behörden dort ist durchaus kritikwürdig, aber es in eine Dämonisierung des Staates als »siedlerkoloniales Regime« und »Schaufensterregime einer vom US-Imperialismus gestützten Bourgeoisie« einzubetten und als »ethnische Säuberung« zu benennen (ausgerechnet am 80. Jahrestag der Wannsee-Konferenz) – geht es vielleicht auch eine Nummer kleiner? Nicht, wenn man Likes und Shares haben möchte.

Das ist übrigens nicht nur auf der Israel ablehnenden Seite zu sehen, sondern auch bei den Antideutschen: Die antideutsche Website »Ruhrbarone«, ursprünglich ein regionales Weblog über das Ruhrgebiet, das lange Jahre als Gegenentwurf zu zunehmend überregionalem (Print-) Tageszeitungsjournalismus (und als Darling der Medienszene) galt, postete 2018 auf Facebook den Slogan »Transform Gaza to Garzweiler« auf Facebook[68] – damals eskalierte der Konflikt zwischen der Hamas und Israel wieder einmal, es kam zu gegenseitigen Angriffen. Den Gazastreifen verwüsten zu wollen wie den Braunkohletagebau Garzweiler ist eine explizite Vernichtungsfantasie, bei deren Veröffentlichung offenkundig auf Likes von antideutscher Seite geschielt wurde. Hinzu kommt: Garzweiler liegt zwar in der Nähe des Einzugsgebiets der »Ruhrbarone«, aber Gaza hat nun wirklich nichts mit dem Ruhrpott zu tun.

Erfolgreiche Lernprozesse?

Der Soziologe Peter Ullrich attestierte den Linken 2014 noch »erfolgreiche Lernprozesse«, da die Polarisierung in der Nahostfrage aus seiner Sicht zurückgegangen sei, zugunsten von Standpunkten, die differenzierte Meinungen vertreten und zulassen würden.[69] Zudem seien die innerlinken Konflikte über Israel und Palästina eine »Erfolgsgeschichte aus Sicht eines aufgeklärten linken Universalismus«.[70] Mit Aufklärung haben die beschriebenen Kämpfe jedoch nur wenig zu tun. Vielmehr geht es den Beteiligten darum, eindimensionale Deutungsmuster zu vertreten und ganz im Sinne einer radikalen Identitätspolitik andere

Positionen als rassistisch respektive antisemitisch zu markieren und damit zu dämonisieren.

Aufklärung würde bedeuten, sich von vereinfachten Deutungsmustern zu verabschieden und Mehrdeutigkeit auszuhalten. Nur so entkommt man dem verhärteten und polarisierten Diskurs. Im Zentrum sollte nicht die Frage stehen, welche Seite recht hat oder die moralisch überlegenere ist, sondern wie moderate, friedliche (und linke) Kräfte auf beiden Seiten unterstützt werden können. Das setzt jedoch Empathie und Abstraktion voraus, ebendie Einsicht, dass nicht Deutschland der Ort ist, an dem der Nahostkonflikt gelöst wird, nicht die queere Demonstration in Berlin-Neukölln, nicht das DJ-Pult in Leipzig-Connewitz, nicht das Regionalblog im Ruhrgebiet.

Was die Linke in Deutschland benötigte, wäre erst einmal eine Selbstreflexion zu diesem Thema, weniger Alarmismus und vielleicht der Mut, aus Israel/Palästina keine Gesinnungsfrage zu machen, sondern konkret an Projekten zu arbeiten und etwaige Widersprüche auszuhalten.

Vergleichbar einzigartig

Die Erinnerungskultur und ihre Kritiker

Es gehört zur Kindheitsfantasie vieler Juden, nachträglich Hitler zu töten. Auch ich hatte sie. Die Nazis waren die ultimativen Schulhof-Bullys, die ich in meinen Tagträumen ebenso erbittert bekämpfte, wie es das jüdische Guerilla-Kommando in Quentin Tarantinos Kriegsfilm-Groteske »Inglourious Basterds« tut. Eine Variante davon beschreibt David Grossman in seinem autobiografisch geprägten Roman »Stichwort Liebe«: Der achtjährige Momik hört mit, wie die Erwachsenen über ein »Nazi-Biest« sprechen, das im Lande »Dort« seine Angehörigen quälte. Nur zu gern möchte Momik es besiegen, um die Wunden seiner Familie zu heilen.

Was die Erinnerung an die Shoah angeht, bin ich also ein typisches Produkt des israelischen Erziehungssystems. Schon als Kleinkind, ohne jedes Wissen von der Shoah, hat mich die Sirene am Holocaustgedenktag verängstigt. Jedes Jahr im Frühling wird an diesem Tag in ganz Israel das Leben für 120 Sekunden stillgelegt. Als Startsignal ertönt eine Sirene, die ansonsten nur bei einem drohenden Luftangriff ausgelöst wird. Ich erinnere mich, dass wir beim Spielen vor dem Kindergarten von diesem lauten Heulen unterbrochen wurden. Vermutlich hatte jemand vergessen, uns darauf vorzubereiten. Wieso, fragte ich mich, stehen die Menschen mitten am Tag still wie Denkmäler? Es ist kein Zufall, dass israelische Kinder so früh und auf eine so emotionale Art von der Erinnerungskultur geprägt werden: Das Trauma der Shoah wird in Israel quasi per Staatsdekret von Generation zu Generation weitergegeben.

Die Bedeutung des Holocausts für das kollektive Bewusstsein und die politische Kultur der jüdisch-israelischen Gesellschaft war während meiner Kindheit zentral – und ist es bis heute. Sie ist vom Kindergarten über die Schulzeit bis zum Militärdienst ein zentraler Aspekt der Erziehung. Es vergeht kein Tag, an dem die »Katastrophe«, so die deutsche Übersetzung, in den israelischen Medien unerwähnt bleibt: Das nukleare Aufrüstungsprogramm des Iran gilt vielen als neues »Auschwitz«; gemischte Ehen von jüdischen und nicht-jüdischen Menschen seien ein »stiller Holocaust«,[1] weil sie die Existenz des jüdischen Volks gefährdeten; die Bekämpfung der COVID-19-Pandemie wird mit dem Kampf gegen Nazi-Deutschland verglichen; auch die ökonomischen Konsequenzen der Pandemie wurden als »wirtschaftliche Shoah« bezeichnet.[2]

Bei einer Umfrage 2012 gaben 98 Prozent der jüdischen Israelis an, die Erinnerung an den Holocaust sei das wichtigste Prinzip für den Staat. In einer Gesellschaft, die in nahezu jeder Frage tief gespalten ist, bildet die Erinnerung an die Shoah einen seltenen Konsens. Allerdings steht auch in Israel die Erinnerungskultur in der Kritik. Im selben Jahr schrieb die heutige Vorsitzende der Arbeiterpartei Merav Michaeli über eine angebliche »Shoah-Religion«, als sie vor den Konsequenzen einer rückwärtsgewandten Politik warnen wollte.[3]

Shoah-Religion im Täterland?

Aktuell erlebt auch in Deutschland diese Religionsmetapher – als Angriff gegen die hiesige Erinnerungskultur – eine Renaissance. Anlass war der sogenannte zweite Historikerstreit. Für mich hat sie einen unangenehmen Beigeschmack, einen ganz anderen als in Israel. Denn die Metapher zeigt, wie rechtes Ideologiegut Einzug in bürgerliche Debatten gefunden hat – denn der Vorreiter der Religionsmetapher ist der Begriff »Schuldkult« aus der Neonazi-Szene der 1980er-Jahre. Es ist interessant zu beobachten, dass vier Jahrzehnte später die gleichen sprachlichen Bilder, der gleiche raunende Ton von linken Akademikern verwendet wird, um ebenfalls die Erinnerungskultur zu kritisieren. Aber worüber genau wird diesmal gestritten?

Die These, die Erinnerungskultur sei eine Art deutscher Zivilreligion, fand mit einem im Mai 2021 online erschienenen Artikel des australischen Historikers A. Dirk Moses plötzlich große Unterstützung. Mit seiner Polemik »Der Katechismus der Deutschen« löste er eine Kontroverse aus.[4] Seither erscheinen seine Interviews und Texte regelmäßig in deutschen Feuilletons. Wie hat der bis dato hierzulande weitgehend unbekannte Wissenschaftler mit nur einem Text – noch dazu in einem entlegenen schweizerischen Geschichtsblog – so eine große Prominenz erreicht? Die Antwort liegt weniger in der wissenschaftlichen Qualität des Textes, sondern in den Umständen. Wenn man so will, ist sein Beitrag ein Zeugnis unserer Zeit, ein Manifest jenes Zeitgeists, der Anfang der 2020er-Jahre unter deutschen Intellektuellen weht. Seine Kritik hat nur am Rande mit der Geschichte des Holocausts selbst zu tun, vielmehr ist sie der Versuch, den deutschen Israeldiskurs zu verändern. Die große Resonanz deutet an, dass viele Deutsche wollen, dass mit Israel zusammenhängende Fragen neu verhandelt werden – und Moses bietet ihnen dafür eine alte Idee in einem schicken neuen Gewand.

Nicht der erste Historikerstreit

Erinnerungspolitische Kämpfe gehören zur Geschichte und Gegenwart der Bundesrepublik – so wie zu jedem anderen modernen Staat auch. Der Umgang mit dem nationalsozialistischen Erbe und dem Holocaust, die Fragen nach dem »richtigen« Erinnern und den zeitgemäßen Schlüssen für Gegenwart und Zukunft werden immer wieder zum Gegenstand öffentlicher, wissenschaftlicher und parlamentarischer Diskussionen. Ohne Anspruch auf Vollständigkeit sei im Folgenden an einige wichtige Debatten in der Bundesrepublik erinnert, deren Nachwirkungen auf die aktuelle Debatte noch zu spüren sind. Die ersten begannen sogar noch vor Gründung der beiden deutschen Nachkriegsstaaten: die mediale Begleitung der ersten Strafprozesse gegen Nazi-Kriegsverbrecher ab 1945; die gescheiterte Idee einer »Entnazifizierung« und die (erschreckend reibungslose) »Integration« von Millionen Tätern in die Bundesrepublik; das »Wiedergutmachungsabkommen« zwischen Israel und Westdeutschland 1952; der Eichmann-Prozess 1961; die studentischen Proteste ab dem Jahr 1968 gegen die »ungesühnte Nazijustiz« und den »Muff von 1000 Jahren«, aber auch innerfamiliäre Konflikte um Täterschaft und den Umgang damit in der noch immer jungen Bundesrepublik; dann der sogenannte Historikerstreit 1986/1987; kurz darauf dann die Wiedervereinigung der beiden deutschen Staaten, die den Deutschen zu weiteren Selbstbetrachtungen Anlass gab. Solche Debatten gab es in der DDR kaum, da dort der staatlich verordnete Antifaschismus herrschte, der in seiner Gedenkkultur ohne die jüdischen Opfer auskam, und zudem die Bedingungen für kontroverse öffentliche Debatten im Vergleich zur Bundesrepublik eingeschränkt waren.

Relativ kurz zurück liegen die Diskussionen um die – ab Mitte der 1990er-Jahre – vom Hamburger Institut für Sozialforschung initiierte Wehrmachtsausstellung. Am rechten Rand und in konservativen Kreisen löste sie heftigen Protest aus. In all diesen Formen des »Historikerstreits« ging es um Auslegungen der Geschichte vor dem Hintergrund gegenwärtiger Fragen.[5]

Parallel zu diesen Debatten wuchsen über die Jahrzehnte hinweg die akademischen Wissensbestände, wurden Absichtserklärungen abgegeben und politische Abkommen unterzeichnet. Überall in Deutschland entwickelten sich lokale zivilgesellschaftliche Initiativen mit konkreten Bezügen zu Personen, Orten und Organisationen, die in Naziverbrechen verstrickt waren. Zu den sichtbarsten Veränderungen gehören die glänzenden »Stolpersteine«, die überall in Deutschland an die Opfer des Nationalsozialismus erinnern.

Wenn wir nun die aktuelle Kontroverse um die Erinnerungskultur als zweiten Historikerstreit bezeichnen, stellen wir – fast 40 Jahre später – einen Bezug zum ersten

Historikerstreit von 1985/1986 her. Damals waren Jürgen Habermas (geboren 1929) und Ernst Nolte (1923–2016) die zentralen Protagonisten.[6] Ausgangspunkt waren Überlegungen des Historikers Nolte, wonach der Holocaust und die weiteren Verbrechen des Nationalsozialismus mehr oder weniger nachvollziehbare, ja sogar legitime Reaktionen gewesen seien auf vorangegangene Gräueltaten der Sowjetunion. Die Shoah, so Nolte, sei gar eine »›asiatische‹ Tat« gewesen: ein Verbrechen, das die hochkultivierten, europäischen Deutschen ohne dieses Vorbild nicht begangen hätten. Nolte insinuierte, man solle auch die positiven Aspekte der deutschen Geschichte betrachten und nicht den Blick von Opfern und Siegern für die Geschichtswissenschaft übernehmen. Diese revisionistische Argumentation wurde von Jürgen Habermas und vielen anderen zurückgewiesen.

In den späten 1980er-Jahren betonte Habermas die besondere Bedeutung des Holocausts, die Schuld der Deutschen daran und ihre Verantwortung, aus der Geschichte die richtigen Schlüsse für die Zukunft zu ziehen. Ein wichtiger Schluss aus der Geschichte war für ihn, dass der alte deutsche Nationalismus durch einen »Verfassungspatriotismus« ersetzt werden und Deutschland eingebettet werden müsse in ein vereintes Europa und den demokratischen Westen.[7]

Im aktuellen Historikerstreit wird dagegen (wieder) verhandelt, wie wir uns heute an vergangene (Kolonial-)Verbrechen erinnern sollten, welchen Stellenwert diese haben sollten und ob Rückgaben oder Entschädigungen nötig sind. Nicht zuletzt geht es um zwei große Fragen: zum einen um die Frage, wie die deutsche Gesellschaft und Politik mit der Verantwortung für die deutschen Kolonialverbrechen umgehen will. Zum anderen geht es um die Frage der Gestaltung einer deutschen Erinnerungskultur in einer Gesellschaft, die zunehmend durch Migration geprägt ist. Konkret heißt es, dass darüber diskutiert wird, an welche Ereignisse öffentlich gedacht wird und wie diese zueinanderstehen. Die zweite Frage kommt in der Diskussion darüber zum Ausdruck, ob die bestehende Erinnerungskultur Menschen mit Migrationshintergrund ausschließt.

Wir sehen also, dass einerseits in den zurückliegenden Jahrzehnten immer wieder über den Umgang mit der Vergangenheit debattiert wurde. Andererseits führen wir diese Erinnerungsdebatten immer wieder anders, weil sich die Rahmenbedingungen laufend ändern: Durch den zunehmenden zeitlichen Abstand zu 1945 werden die Zeitzeugen immer älter und weniger – sowohl Täter, Mitläufer und Zuschauer als auch Opfer. Zugleich ist die vereinigte Bundesrepublik ein anderes Land, als es die beiden deutschen Staaten zuvor waren, und noch immer unterscheiden sich die Erinnerungskulturen nach Ost und West. Die Einbindung in die globalisierte Welt ist stärker und deutlicher zu spüren. Die Bevölkerung wird zugleich demografisch älter und – in Folge der verschiedenen Zuwanderungsbewegungen (spätestens seit jener der sogenannten Gastarbeiter) – ethnisch pluraler und kulturell diverser. Diskussionen werden zunehmend internationaler, schneller und vielleicht auch unübersichtlicher, nicht zuletzt dadurch, dass sich weitaus mehr Personen beteiligen können, zum Beispiel über soziale Medien.

Was alle diese Debatten seit 1945 auszeichnet und in einen gemeinsamen Zusammenhang stellt, ist Folgendes:

Es waren und sind nie reine Fachdebatten über historische Details. Im Gegenteil: Oft rückt das Vergangene sogar in den Hintergrund. Wenn wir um unsere Erinnerung kämpfen, verhandeln wir vor allem unsere Gegenwart. Das historische Ereignis dient als Folie, auf der wir aktuelle Fragen klären. Verhandelt werden historische Tatsachen, mehr noch aber deren aktuelle (Be-)Deutung.

Ein australischer Historiker und deutsche Hohepriester

Als ich den Text von A. Dirk Moses über den »Katechismus der Deutschen« zum ersten Mal las, konnte ich mir nicht recht erklären, warum er so viel Aufmerksamkeit erhalten hat. Inmitten der Corona-Pandemie stellte ich mir die Frage, wieso 40 Jahre nach dem ersten Historikerstreit das Immunsystem der deutschen Erinnerungskultur so schwach war, dass es wieder modisch wurde, den Holocaust zu relativieren. Warum sind Anfang der 2020er-Jahre Teile der (deutschen) Intellektuellen plötzlich so anfällig für Verschwörungstheorien, in denen, wie Moses insinuiert, israelisch-amerikanisch-britische Eliten (in anderen Worten: die Juden) über die deutsche Erinnerungskultur herrschen?

Es lohnt sich, genau auf die Rhetorik von Moses zu schauen. Er mischt religiöse Bilder (»Katechismus«, »Hohepriester«, »erinnerungspolitische Orthodoxie«, »priesterliche Zensoren« und ein »christologisch geprägtes Erlösungsnarrativ«) auf raunende Art und Weise mit aktivistischer Polemik. Es geht ihm darum, »Die Erinnerung an andere Massenverbrechen in die deutsche und europäische Aufarbeitung der Vergangenheit einzubeziehen«. Dabei kommt er aber immer wieder explizit auf Israel, auf vergangene und gegenwärtige israelische Politik zu sprechen, ohne dass dieser Zusammenhang zwingend wäre.[8] Moses beklagt »hitzige Debatten« und »Häresieprozesse« gegen alle, die an andere Ereignisse erinnern möchten. Moses' Forderung nach »inklusivem Denken« ist in seiner eigenen Argumentation kaum zu erkennen: In einem Interview behauptet er, dass sich aus der deutschen Erinnerungskultur »eine Staatsideologie« entwickelt habe, »die Sprechcodes verordnet« und nennt dafür den BDS-Beschluss des Bundestags als Beispiel.[9] Dafür zuständige »Hohepriester« sind für Moses offensichtlich alle deutschen Gedenkstätten, Erinnerungsinitiativen und nicht zuletzt Felix Klein, der Beauftragte der Bundesregierung gegen Antisemitismus. Dieser halte besonders eifrig und beispielhaft »Ausschau nach antisemitischen Häresien«.[10]

Erst nach langen mythologischen Sprachbildern kommt Moses auf seinen eigentlichen Kritikpunkt zu sprechen. Er beklagt, dass »Deutschland (...) für die Juden in Deutschland eine besondere Verantwortung (trägt) und Israel zu besonderer Loyalität verpflichtet« sei – und deshalb hierzulande Antizionismus mit Antisemitismus gleichgesetzt werde.[11]

Es ist interessant, dass Moses den großen Umweg über die Erinnerungskultur und eine angebliche Shoah-Religion macht, um letztendlich bei seinem eigentlichen Thema anzukommen: Israel und die Deutschen. Das Kalkül ist offensichtlich: Wenn die Singularität der Shoah eine bloße Erfindung ist, dann kann auch die Legitimität des

Staates Israel offen zur Disposition gestellt werden. Wenn die Shoah nicht anders war als unzählige Verbrechen der Menschheitsgeschichte, braucht es keinen jüdischen Staat, da diesem dann die Legitimation fehlt. Und wenn letztendlich – zu dieser Argumentation komme ich später – die palästinensische Nakba auf der gleichen Ebene steht wie die Shoah, dann steht der jüdische Staat selbst auf der Seite der Nazitäter.

Mit dem Bild einer Shoah-Religion, die dem deutschen Volk angeblich von bösen Mächten oktroyiert werde, offenbart der australische Historiker ein sehr instrumentelles Verständnis von Geschichtsforschung und von Erinnerung. Und er blendet aus, dass über die Geschichte der Naziverbrechen seit den 1970er-Jahren eine lebhafte wissenschaftliche und gesellschaftliche Debatte geführt wird. Der Historiker Norbert Frei hat zudem darauf hingewiesen, dass in den deutschen Erinnerungsdiskussionen seit den späten 1980er-Jahren zunehmend internationale Entwicklungen eine Rolle gespielt haben: »All das war kein Oktroi ominöser ›Eliten‹, sondern Ausdruck gesamtgesellschaftlicher Selbstverständigungsbedürfnisse im Zeitalter eines global gewordenen Holocaust-Bewusstseins.«[12]

Was mögen viele Deutsche an Moses?

Warum war die deutsche Öffentlichkeit ausgerechnet im Frühsommer 2021 so empfänglich für die Thesen von A. Dirk Moses? Um diese Frage zu beantworten, müssen wir erst einmal klären, worum es Moses und seinen Unterstützern *eigentlich* geht. Denn weder dieser noch der vorige Historikerstreit drehen sich – wie schon gesagt – um die Geschichte, sondern um die Gegenwart. Und Moses macht gar keinen Hehl daraus, dass er in Wirklichkeit den Staat Israel verurteilen möchte. Nur in diesem Zusammenhang kritisiert er die – vermeintliche oder tatsächliche – Zurückhaltung Deutschlands gegenüber Israel aufgrund des Holocausts.

Und genau diese »Israelkritik« kam einigen Deutschen im Mai 2021 sehr gelegen. Das Timing war perfekt: Moses' Text erschien etwa ein Jahr nach Beginn der Achille-Mbembe-Debatte und etwa zwei Wochen nach Beginn des militärischen Konflikts zwischen Israel und der Hamas im Gazastreifen. Linke Intellektuelle, die sich vom Umgang mit dem renommierten Schwarzen Philosophen abgestoßen fühlten, wussten auf einmal, wer schuld war an diesem Debakel: die deutsche Erinnerungsreligion und ihre Hohepriester. Der israelische Angriff auf Gaza lieferte ihnen weitere Gründe für ihren Unmut über die deutsche Haltung zu Israel.

Auch wenn diese Ereignisse nichts miteinander zu tun hatten, gab es in der deutschen Debatte darüber eine entscheidende Schnittmenge: die Kritik an Israel. Für viele beschrieb Moses in seinem »Katechismus der Deutschen« ein vermeintliches Kernproblem der deutschen Gesellschaft: Die Erinnerungskultur zum Holocaust – so die These – sei nur eine Allzweckwaffe, um einen unliebsamen Philosophen aus Südafrika zum Schweigen zu bringen und um Solidarität mit Israel zu erzwingen, das dann mit deutscher Rückendeckung Luftangriffe auf Gaza fliegen kann.

Zugegeben: Die Bilder aus Gaza, die in deutschen und

internationalen Medien gezeigt wurden, weckten keine besondere Sympathie für Israel; zerbombte Hochhäuser, mehrere Zehntausend Palästinenser auf der Flucht. Die *New York Times* zeigte auf ihrer Titelseite 64 Porträtfotos getöteter palästinensischer Kinder. Diese Bilder standen im starken Kontrast zur Solidarisierung des offiziellen Deutschlands mit Israel, begründet mit Staatsräson-Rhetorik und symbolisiert durch Israelfahnen vor einigen Rathäusern und Landtagen.

In der breiten Bevölkerung schwankte die Stimmung zwischen routiniertem Desinteresse und aufrichtiger Solidarität mit den Palästinensern, vor allem in linken und migrantischen Milieus. Das zeigten mehrere große Anti-Israel-Demonstrationen, auf denen zum Teil antisemitische Parolen skandiert wurden. Es gab zwar auch einige proisraelische Demos, an denen prominente Politiker teilnahmen, aber selbst in Großstädten wie Berlin, München und Frankfurt (Main) zogen höchstens einige Hundert Unterstützer Israels durch die Straßen.

Bei mir entstand damals der Eindruck, dass es in Deutschland nur vordergründig um den Kampf zwischen Israelis und Palästinensern ging. In Wahrheit ist der Konflikt nur eine Projektionsfläche, auf der sich die Menschen in Deutschland ihrer eigenen Identität vergewissern. Je nach politischer Überzeugung stellten sich Herkunftsdeutsche und Migranten, linke und rechte, progressive und konservative in diesem Konflikt uneingeschränkt auf die Seite ihrer jeweiligen »Guten«. Auf diese Weise demonstrieren sie nicht nur ihre Solidarität, sondern vor allem eine scheinbar eindeutige, wahrhaftige Position in einer unübersichtlich gewordenen Welt.[13]

Wieso sollte Achille Mbembe nur wegen seiner antiisraelischen Positionen ausgeladen werden? Wieso solidarisiert sich die deutsche Politik ausgerechnet mit dem »Aggressorstaat Israel«? Diese Fragen wurden auch in meinem Bekanntenkreis im Mai 2021 immer wieder gestellt. Und zwar von Menschen, die nach ihrem eigenen Selbstverständnis sehr wohl geschichtsbewusst sind. Viele Deutsche fühlen zwei Herzen in ihrer Brust schlagen: Wie lässt sich der Widerspruch auflösen zwischen der Verpflichtung gegenüber den Opfern der Shoah, ihren Nachkommen und ihrem Staat Israel auf der einen Seite – und einer modernen linken, postkolonial inspirierten Identität, die sich für die Nachkommen der Kolonisierten in Afrika genauso einsetzen möchte wie für die unterdrückten Palästinenser? A. Dirk Moses schien auf einmal einen Ausweg aus dieser kognitiven Dissonanz zu bieten, einen Befreiungsschlag für die gequälte Seele.

Am Ende sind die Juden schuld

Nun ist die Frage, mit welcher »Betroffenengruppe« man sich als aufgeklärter, progressiver Mensch in Deutschland solidarisieren soll: mit Juden, mit Muslimen, mit Palästinensern, mit Schwarzen ...? Die Antwort ist nicht leicht zu finden. Wir stecken in einem Dilemma: Selbstverständlich möchte man den Nachkommen aller Opfergruppen gleichermaßen gerecht werden. Ich bin froh darüber, dass ich selbst nicht in dieser Zwickmühle stecke, als »Bio-Deutscher« im Israel-Palästina-Konflikt Position beziehen zu müssen. Es ist also einigermaßen nachvollziehbar, dass viele den Ausweg wählen, den Moses weist: Er erklärt die deutsche Erinnerungskultur zum eigentlichen Problem, tut sie ab als Religion – und schon fügt sich alles wieder in ein vertrautes Koordinatensystem: Die Juden sind schuld! Oder, wie Moses andeutet, es sind die amerikanischen, britischen und israelischen Eliten, die die deutsche Erinnerungskultur »ausgehandelt« haben. Die »Protokolle der Weisen von Zion« lassen grüßen … Wer Lust hat auf endlose verschwörungsmythische Diskussionen kann mal nachfragen: Wer genau hat denn den »Katechismus der Deutschen« mit diesen ausländischen Eliten ausgehandelt?

Wenn man nur die lästige Erinnerungskultur neu formuliert, wäre es auf einmal so einfach für viele deutsche Linke: Ihrer klaren propalästinensischen Positionierung stünde nichts mehr im Weg. Dass diese Gedanken nicht nur in postkolonialen und propalästinensischen Netzwerken bejubelt wurden, sondern auch in rechtsextremen Kreisen, mag also kaum überraschen. Es dauerte nicht lange, bis rechtskonservative Kräfte den von Moses gebahnten Pfad noch breiter austraten. Schon kurz nach der Veröffentlichung titelte Martin Sellner, Anführer der rechtsradikalen identitären Bewegung, auf der Homepage der Zeitschrift *Sezession*: »Postkoloniale Angriffe auf den ›Auschwitz-Mythos‹.« Sellner feiert Moses' Text als eine »scharfe Analyse« und nennt sie »absolut lesenswert«. Denn er kann darin genau das finden, was er selbst seit Jahren propagiert, nämlich die Kritik an der »deutschen Schuldreligion«.[14] Auch der Historiker Wolfgang Reinhard schrieb Anfang 2022 einen latent antisemitischen Text für die *Frankfurter Allgemeine Zeitung*, der einige Ähnlichkeiten mit Moses' Katechismus-Text aufweist:[15] einerseits die religiösen Begriffe (hier als jüdische Tradition des Erinnerns gelabelt, eine »Holocaust-Orthodoxie«), andererseits die wiederholte Behauptung, all das sei von US-amerikanischen und israelischen Eliten geschickt eingefädelt worden. Originalton Reinhard: »In Israel und der jüdischen Diaspora, aber auch bei Amerikanern und Deutschen war der Holocaust zu einer erinnerungspolitischen Identifikationsfigur von geradezu sakralem Charakter geworden.«

Multidirektionales Erinnern

Der neue Zeitgeist kam nicht nur dem neuen Text von Moses, sondern auch einem deutlich älteren Buch zugute. Im Frühjahr 2021 erschien ein aus dem Englischen übersetztes – zu dieser Zeit zwölf Jahre altes – Buch: Michael Rothbergs »Multidirektionale Erinnerung. Holocaustgedenken im Zeitalter der Dekolonisierung«.[16] Entstanden vor dem Hintergrund der Erinnerungspraktiken der USA um die Jahrtausendwende, beschäftigte sich Rothberg vor allem mit Beispielen aus dem französischen Kolonialismus. Obwohl die Relevanz des Buches für den deutschen Diskurs durchaus hinterfragt werden kann, war die mediale Rezeption überwältigend: In nahezu allen Medien erschienen Buchbesprechungen und lange Interviews mit dem Autor. Ein solches Echo ist sonst nur wenigen akademischen Publikationen beschieden, verspäteten Übersetzungen schon gar nicht. Wenn dieses Buch tatsächlich so bahnbrechende Erkenntnisse liefert, warum hat man in Deutschland mit der Übersetzung so lange gewartet? Hat sich vorher niemand die Mühe gemacht, das englische Original zu lesen?

Als ich das Buch vor etwa zehn Jahren las, ist es mir vor allem dadurch in Erinnerung geblieben, dass es schon damals wenig Neues beitragen konnte. Der Begriff »multidirektionale Erinnerung« klingt gut und ist griffig, aber sagt im Grunde nichts anderes, als dass Erinnerungs- und Gedenkpraktiken plural sind. Sie beziehen sich gelegentlich aufeinander, manchmal existieren sie auch still nebeneinanderher. Dafür einen einprägsamen Begriff zu erfinden, ist sicherlich das Verdienst von Michael Rothberg. Ich fragte mich aber schon damals, ob dafür ein ganzes Buch nötig war.

Die deutsche Rezeption hatte nur wenig mit dem Buch zu tun. Ein Beispiel: Dass die Übersetzung ein Jahrzehnt auf sich warten ließ, wurde als Beleg gebracht, dass die deutsche Debatte international hinterher und »provinziell« sei.[17] Rothberg selbst behauptete in Interviews, dass multidirektionale Erinnerung eine konzeptuelle und historische Alternative zum »Beharren auf der absoluten Einzigartigkeit des Holocaust« sei, wie sie »in Deutschland und weiten Teilen der westlichen Welt hervorsticht«.[18] Eine erstaunliche Selbstüberschätzung. Der These, dass der Holocaust »einzigartig« oder »präzedenzlos« war, kann durchaus widersprochen werden, und dazu gibt es tatsächlich seit langer Zeit eine breite und internationale Debatte in der Geschichtswissenschaft. Keine These kann absolute Geltung beanspruchen. Wenn sie jedoch widerlegt werden soll, muss dies anhand ihres Gegenstands geschehen – dies ist eine notwendige Bedingung. Der Gegenstand der Debatte sind die historischen Ereignisse selbst. Neben dem Holocaust sind das Ereignisse wie der Genozid an den Herero und Nama oder der Völkermord an den Armeniern. Rothberg interessiert sich aber nicht für die Ereignisse selbst, sondern für deren Rezeption. Bei ihm geht es um die Erinnerung an diese Ereignisse, um deren Vermittlung über die Generationen hinweg. Eine Studie über die Ausdrucksformen der Erinnerung kann uns nur erklären, wie Ereignisse im kollektiven Gedächtnis geprägt wurden, nicht wie sie tatsächlich stattgefunden haben.

Wird der Vergleich tabuisiert?

Kurz nach dem Erscheinen der deutschen Übersetzung seines Buches veröffentlichte Michael Rothberg gemeinsam mit dem Historiker Jürgen Zimmerer einen Gastbeitrag in *Zeit-Online* mit dem reißerischen Titel »Enttabuisiert den Vergleich!«.[19] Darin beklagen die Autoren nicht allein, dass der Vergleich des Holocausts mit anderen Genoziden tabuisiert, sondern auch, dass die »Unvergleichbarkeit diffamierend« benutzt werde. Wo die beiden eine solche Tabuisierung sehen, führen sie leider nicht aus. Kein Wunder: Selbst nach intensiver Recherche wird man keinen einzigen Holocaustforscher finden, der gegen Vergleiche ist.

Ich kann mich zum Beispiel noch an mein erstes Semester als Geschichtsstudent in Haifa erinnern. Das war 1999. Unser Grundkurs zur Geschichte des Holocausts begann mit der Lektüre von »Herz der Finsternis«. In dieser Erzählung von 1899 beschreibt Joseph Conrad eindringlich die kolonialistische Ausbeutung des Kongo durch das belgische Königshaus. Ab dem späten 19. Jahrhundert hat dort das stattgefunden, was erst 1947 von den Vereinten Nationen als Völkermord definiert wurde: Etwa die Hälfte der einheimischen Bevölkerung starb damals durch Massenmorde, Hungersnöte, Krankheiten oder Mangelversorgung, geschätzt etwa zehn Millionen Menschen.

In unserem Geschichtsgrundkurs lernten wir auch, dass die ersten Konzentrationslager durch das deutsche Kolonialregime im heutigen Namibia errichtet wurden und das Konzept der »Vernichtung durch Arbeit« an den Herero exekutiert wurde, die als Zwangsarbeiter die Eisenbahn bauen mussten. Alle diese Fakten waren schon vor mehr als 20 Jahren in der Geschichtsforschung so gut bekannt, dass sie im ersten Semester behandelt wurden. Was meinen Kommilitonen und mir als Selbstverständlichkeit galt – nämlich das Vergleichen von Kolonialverbrechen und Holocaust – wird in Deutschland heute noch zum vermeintlichen Tabu hochgejazzt. Die scharfe Kontroverse, die der zweite Historikerstreit ausgelöst hat, beruht auf der – oft gewollten – Verwechslung von zwei Begriffen: Vergleich und Gleichsetzung. Auch (oder gerade) Wissenschaftler, die den Holocaust als einzigartiges oder präzedenzloses Verbrechen beschreiben, leiten diese Erkenntnis aus dem Vergleich mit anderen historischen Verbrechen her.

Wie in der Wissenschaft ist auch in der politischen Bildung der Vergleich von historischen Gewalterfahrungen mit dem Holocaust kein Tabu. Schon Anfang der 2000er-Jahre wurde in der historisch-politischen Bildungsarbeit – also zu der Zeit, als Rothberg sein Buch verfasste – rege über die Vermittlungsarbeit über Kolonialismus und Holocaust diskutiert. Wie viele Bildungseinrichtungen in Deutschland, hat auch die Bildungsstätte Anne Frank in den vergangenen Jahren viele Projekte organisiert, in denen es um Gewalttaten und Genozide jenseits des Holocausts ging. Dabei wurden etwa der Völkermord an den Armeniern oder der deutsche Kolonialismus pädagogisch aufgearbeitet und mit Schulklassen und anderen interessierten Gruppen diskutiert.[20] Es kommt nicht von ungefähr, dass sich eine Einrichtung, die nach Anne Frank benannt ist, kontinuierlich mit der Vermittlung der deutschen Kolonialzeit beschäftigt. 2015 gab ich den Band »Deutscher Kolonialismus – Ein vergessenes Erbe?« mitheraus, darin sind die pädagogischen Ansätze der historisch-politischen Bildung über den deutschen Kolonialismus und seine Verbindung zu Nazi-Deutschland zu finden.[21] Solche Beiträge der Gedenkstätten und Einrichtungen der historisch-politischen Bildung für die Erinnerung an die Kolonialzeit zeigen, dass die Erinnerung an den Holocaust für die Etablierung einer Erinnerungskultur an die Kolonialverbrecher eine entscheidende Rolle übernimmt.

Kurzum, Michael Rothberg offeriert uns eine Lösung für ein Problem, das gar nicht existiert: Erinnerung an historische Verbrechen wird in Deutschland nicht durch die Beschäftigung mit dem Holocaust verhindert. Ganz im Gegenteil: Gerade die Erinnerung an den Holocaust fördert die Auseinandersetzung mit Kolonialverbrechen. Sei es in der politischen Bildung oder in Projekten der Gedenkstätte.

Auffällig ist auch, dass im jüngsten Historikerstreit mit A. Dirk Moses und Michael Rothberg ein Australier und ein US-Amerikaner durchs deutschsprachige Feuilleton

gereicht werden, um das vermeintlich elitäre Shoah-Ge-
denken in Deutschland anzuprangern. Auch wenn es
Rothberg im Unterschied zu Moses nicht primär um
Kritik an Israel geht, kann er es sich doch nicht verknei-
fen, im Nachwort seines Buchs prominent auf den israelisch-palästinensischen Konflikt zu verweisen. Zwar gebe
es »keine einfachen Antworten auf politische Dilem-
mata wie diese, doch die möglichen Lösungen könnten
sehr wohl von Visionen der Solidarität wie denen profi-
tieren, die *Multidirektionale Erinnerung* sichtbar werden
lässt«.[22]

Das Vergleichen begann schon im Krieg

Es ist faszinierend, dass auch im Jahr 2021 die »Singularität
des Holocaust« noch so heiß diskutiert wird. Die Leidenschaft weist darauf hin, wie eng hier verschiedene Aspekte
verwoben sind: wissenschaftliche Fachdebatten und Quel-
leninterpretationen, politische Konflikte, konkurrierende
Interessen verschiedener Gruppen, öffentliche Meinungs-
bildung und gesellschaftliche Selbstverständigung. Immer
wieder reagieren die verschiedenen Akteure kritisch oder
bestätigend aufeinander.

Die wissenschaftliche Beschäftigung mit den nationalsozialistischen Verbrechen – insbesondere, aber nicht
ausschließlich mit dem, was im Laufe der Zeit als Holocaust oder Shoah bezeichnet wird – beginnt schon, als der
Zweite Weltkrieg noch tobt. In den folgenden Jahrzehnten intensiviert, professionalisiert und differenziert sie
sich immer mehr. Schon früh – etwa bei Hannah Arendt

oder W. E. B. Du Bois – werden Kolonialverbrechen und Holocaust gemeinsam betrachtet. Dabei ging es nie primär um eine qualitative oder quantitative Bewertung, gar ein »Ranking« der Völkermorde, sondern um ein Mittel zum Zweck der Erkenntnis. Sozial- und Geisteswissenschaften können gar nicht anders, als zu vergleichen.[23]

Dabei ist der Vergleich gerade *keine* Aussage über die Identität eines historischen Ereignisses, sondern die Betrachtung von Gemeinsamkeiten, Ähnlichkeiten und Unterschieden mit Blick auf bestimmte Kriterien, zugrunde gelegte Gemeinsamkeiten vorausgesetzt (das *Tertium comparationis*). So lassen sich Äpfel mit Birnen – entgegen dem Sprichwort – ganz wunderbar miteinander auf Gemeinsamkeiten und Unterschiede vergleichen, beispielsweise auf Vitamingehalt oder Geschmack (Vergleichskriterien), vorausgesetzt, beide werden zunächst als essbares Obst kategorisiert (das *Tertium*).

Ein Ergebnis der öffentlichen und fachlichen Debatten, über das inzwischen weitestgehend Konsens herrscht, ist das folgende: Beim Holocaust handelt es sich um ein singuläres, ein präzedenzloses (also ein beispielloses) historisches Ereignis. Das heißt gerade *nicht*, dass der Holocaust nicht mit anderen Gewaltverbrechen verglichen werden kann oder darf. Das kann schon deshalb nicht sein, weil die Erkenntnis, es handele sich um ein einzigartiges Ereignis, nur das Ergebnis von vorangegangenen Vergleichen sein kann – wie sollte man sonst zu diesem Ergebnis kommen?

Inwiefern war die Shoah einzigartig?

Was aber ist nun gemeint, wenn wir die Shoah als einzigartig oder als beispiellos bezeichnen? Die Antwort darauf umfasst verschiedene Aspekte. Es geht dabei zum Beispiel um das quantitative Ausmaß des Massenmords, also die hohe Zahl der Opfer in nur wenigen Jahren; um das dezidierte Ziel der Vernichtung der Juden in aller Welt; darum, dass dieser systematisch geplante und durchgeführte Massenmord nicht Teil eines realen Konflikts zwischen Deutschen und Juden gewesen ist. Es geht aber eben auch darum, dass es dafür – anders als von Ernst Nolte 1986 unterstellt – in dieser Art kein historisches Vorbild gegeben hat. Es gab eben kein »Beispiel«, an dem sich 1942 die Teilnehmer der Wannseekonferenz orientiert haben. »Der Nazi-Antisemitismus zielte nicht nur darauf, sich der Juden als Individuen zu entledigen, sondern auch darauf, jede Spur ›des Juden‹ auszuradieren«, schreibt Saul Friedländer.[24]

Nicht zuletzt geht es auch um die spezifisch jüdische Erfahrung, um innerjüdische Debatten nach 1945, die hier mit einfließen. Dadurch allerdings wird – auch dies war ein Ergebnis des ersten Historikerstreits – die Erkenntnis von der Singularität nicht entwertet.

Auch in Israel herrscht kein Konsens über die »Einzigartigkeit« des Holocausts. Auf der hebräischsprachigen Webseite (aber nicht auf der deutschsprachigen) von Yad Vashem wird erklärt, dass die Shoah »einmalig« war. Argumentiert wird mit der Naziideologie, die darauf abzielte, alle Juden auszulöschen (was Saul Friedländer als »Erlösungsantisemitismus« bezeichnet).[25] Yehuda Bauer,

Historiker und Vorstandsmitglied von Yad Vashem, lehnt hingegen den Begriff der Einzigartigkeit ab. Er plädiert dafür, den Holocaust »präzedenzlos« (»beispiellos«) zu nennen. Damit möchte er betonen, dass es Besonderheiten gibt: »Präzedenzlos war der unbedingte Vernichtungswille der Nationalsozialisten. Ein Beispiel: Auch noch 1944, also zu einer Zeit, als die Kriegsniederlage schon längst feststand, wurden Juden nach Auschwitz deportiert und ermordet. Die Systematik dieser Organisation ist präzedenzlos.«[26] Mit Jürgen Habermas kann man ergänzen: »Das spezifische Merkmal, das den Holocaust von kolonialen Genoziden unterscheidet, ist diese Wendung gegen den ›inneren Feind‹, der getötet werden muss – und der nicht wie die fremde, kolonial unterworfene Bevölkerung zusammen mit deren Naturschätzen primär ausgebeutet werden soll.«[27]

Holocaust und andere Genozide

Die bei vielen Deutschen so willkommene Polemik von Moses gegen die angeblich religiös-dogmatische Erinnerung an die Shoah erfüllt einen Zweck, wie die Historikerin Sybille Steinbacher vermutet: Es geht »um das Einebnen des Holocausts, um ein Gleichmachen des Holocausts mit anderen Genozid-Verbrechen, eben um letzten Endes die Juden nicht mehr als eine besondere Opfergruppe wahrnehmen zu müssen«.[28]

Aber anders als beim ersten Historikerstreit in den 1980er-Jahren dreht sich die Debatte nicht mehr um den von Deutschland vor allem in Europa geführten Zweiten

Weltkrieg, sondern um Kriege und Verbrechen in anderen Weltregionen und gegen andere Bevölkerungsgruppen, die bisher in deutschen Selbstbetrachtungen kaum vorkamen. Die zeitgenössische Wissenschafts- und Medienwelt hat den Anspruch, auch den sogenannten globalen Süden und die ehemaligen Kolonialländer mitzudenken und nicht nur um Ereignisse in Europa zu kreisen, also »eurozentrisch« zu debattieren. Dies gilt vor allem für Beteiligte, die sich als links oder liberal verstehen. Sie berücksichtigen inzwischen viele Forschungs- und Denkansätze, die unter dem sehr weiten Begriff des »Postkolonialismus« zusammengefasst werden.

Ein Strang dieser Denkrichtung beschreibt die zionistische Besiedlung Palästinas und schließlich die Gründung des modernen Staates Israel als typisches Beispiel einer Kolonialherrschaft durch privilegierte, weiße – in dem Fall jüdische – Europäer. Die Flucht und die Vertreibung der palästinensischen Bevölkerung in Folge des Unabhängigkeitskriegs gilt als besonders krasses Beispiel für einen kolonialistischen Völkermord. Die Shoah dagegen schrumpft aus postkolonialer Perspektive oftmals zu einem Genozid unter vielen anderen – dem aber mehr Beachtung zukomme, als ihm gebühre.

»In den letzten Jahren«, schreibt dazu der Historiker und Holocaust-Experte Saul Friedländer, »gehen postkoloniale Theoretiker vom oben erwähnten Standpunkt aus, um die Gründung des Staates Israel als koloniale Landnahme zu beschreiben, die zur palästinensischen Nakba führte. Obwohl ich die israelische Siedlungspolitik nach dem Sechstagekrieg von 1967 ablehne, ist der Versuch, Israel als letztlich koloniale Schöpfung darzustellen, eine

völlig andere und hoch politisierte Aussage. Die Kolonialherren Palästinas waren das Osmanische Reich und nach
dem Ersten Weltkrieg England.«[29]

Vergleich von Shoah und Nakba

Die von Friedländer beschriebene Argumentationskette
geht oft noch ein Stück weiter. Sie zielt darauf ab, den Staat
Israel und Nazideutschland auf eine Ebene zu stellen. Es
geht nicht um eine reflektierte Diskussion über die Frage,
in welcher historischen Abfolge und Kausalität die beiden
Ereignisse stehen. Solch eine Diskussion hat ihre Berechtigung. Auch ein gegenseitiger Austausch über jüdische
und palästinensische Traumata kann Empathie fördern.
Die Tragik des israelisch-palästinensischen Konflikts besteht auch darin, dass beide Seiten von ihren historischen
Traumata geleitet werden: Die Juden imaginieren bei den
Palästinensern die Kosaken, die Pogrome in Russland verübt haben. Die Palästinenser imaginieren bei den Juden
die britischen und französischen Kolonialherren.

Auch wenn es an sich nicht problematisch ist, den Holocaust und die Nakba in einem historischen Zusammenhang zu diskutieren, bekommt der Vergleich nicht selten
einen unappetitlichen Beigeschmack. Oft wird versucht,
die beiden völlig unterschiedlichen Ereignisse als Verbrechen gleichen Ausmaßes darzustellen. Diese Vorstellung
ist keinesfalls eine Erfindung der postkolonialen Theorie – wie etwa die erwähnte Bielefelder Mitte-Studie von
2018/2019 belegt, der zufolge mehr als die Hälfte der Bevölkerung ganz oder teilweise der Ansicht ist, dass Israel

die Palästinenser im Prinzip so behandle wie die Nazis die Juden.[30] Über eine Täter-Opfer-Umkehr kann das kollektive deutsche Schuldgefühl Entlastung empfinden – die Juden sind ja genauso schlimm wie unsere Vorfahren! So drängt sich der Verdacht auf, dass die Forderung »Enttabuisiert den Vergleich!« nicht auf einen sachlichen Vergleich abzielt, sondern eher dazu dient, eine geschichtsrevisionistische Gleichsetzung von Shoah und Nakba zu legitimieren.

Zur Illustration dieser Situation kann vielleicht ein persönliches Beispiel dienen: Inmitten der öffentlichen Debatte über die documenta fifteen im Sommer 2022 nahm ich an einer geschlossenen Veranstaltung der beteiligten Künstler in Kassel teil. Die Stimmung war aufgeheizt, mir begegneten misstrauische Blicke. Trotzdem kamen wir ins Gespräch. Erst einmal vorsichtig, dann etwas offener. Auf meine Erklärung zur antisemitischen Bildsprache eines Kunstwerks meldete sich eine Künstlerin aus Südafrika zu Wort: »Wieso reden wir die ganze Zeit über Antisemitismus?«, monierte sie. »Warum spricht niemand von der Nakba, dem größten Verbrechen gegen die Menschheit unserer Zeit?« Ihre Worte kamen mir bekannt vor. Und dann fiel mir ein, wo ich das zuletzt gehört hatte: »Die Besetzung Palästinas ist der größte moralische Skandal unserer Zeit.« Der Satz stammt aus Achille Mbembes Vorwort zum Sammelband »Apartheid Israel«.

Das Paradigma, die Nakba und den Holocaust auf eine Ebene zu stellen, bedarf zweier Gedankenschritte. Zum einen muss man davon ausgehen, dass der Holocaust über den Begriff des Völkermords vergleichbar wird. Zum anderen wird dem Zionismus als »Siedlerkolonialismus« eine Absicht zum Völkermord unterstellt, um ihm die Legitimität zu entziehen.[31] Das ist an sich schon eine sehr wacklige historische Behauptung, wie die Genozidforscher Martin Shaw und Omer Bartov belegen. Wenn man den Begriff Völkermord so weit ausdehnt, dass er die Nakba einschließt, würde er seine eng definierte Bedeutung verlieren.[32] Denn die Vertreibung und Flucht von etwa 750.000 Palästinensern im Zuge des Kriegs 1948 sowie die Vertreibung und Flucht von etwa 800.000 arabischen Juden im selben Jahr bis etwa Anfang der 1950er-Jahre sind zweifelsohne weitreichende menschliche Tragödien. Es gibt – auch schon aus dieser Zeit – relevante historische Vergleiche, etwa mit der gegenseitigen Vertreibung von mehr als zehn Millionen Menschen im heutigen Indien und Pakistan, ausgelöst durch das Ende der britischen Kolonialherrschaft und die Gründung der beiden Staaten 1947.

Warum aber pocht man ausgerechnet auf die Gleichsetzung von Nakba und Shoah? Die Antwort von Martin Shaw und Omer Bartov: Hinter der Behauptung steckt der »Drang, die bloße Existenz des Staates Israel zu delegitimieren«.[33]

Eine besonders perfide Art, den Holocaust und die Nakba zu vergleichen, ist die Darstellung der Juden als die privilegierten Opfer im Vergleich zu den Palästinensern. So beklagt der Historiker Wolfgang Benz, dass »das palästinensische Unglück im Gegensatz zum jüdischen aber erstens nicht im Bewusstsein der Weltöffentlichkeit präsent ist und zweitens nur als kollektive Leidensgeschichte erinnert werden kann, die ausschließlich für Heimatverlust, Diaspora und Pariaexistenz steht, während das Leid der Juden in der Staatsgründung wenigstens ein (auch von Nicht-betroffenen erkanntes und überwiegend begrüßtes) politisches Bewusstsein zugunsten der Juden bewirkt hat«.[34]

Am Ende dieser bizarren Milchmädchenrechnung stehen die Juden als die Profiteure des Holocausts da – und die Palästinenser als Verlierer des Holocausts *und* der Nakba gleichermaßen. Hier kommt zum Vorschein, wie attraktiv diese Gleichsetzung gerade für Deutsche ist – als moralische Entlastungsstrategie. Diese Entlastungsstrategie, die zunächst unter Rechtsradikalen entstanden ist, findet sich inzwischen auch in Bildungsmilieus, die sich als geschichtsbewusst und links verstehen.

Am meisten freuen sich manche Deutsche, wenn linke Israelis selbst solche Vergleiche anstellen. Wie Henning Niederhoff, damals noch Leiter der Konrad-Adenauer-Stiftung in den palästinensischen Autonomiegebieten, der nach einem Besuch in Yad Vashem die Reaktion eines Israelis vor einem Bild eines Opfers zitiert: »Was glaubst du denn, wie wir mit den Palästinensern umgegangen sind?« Niederhoff schwärmte in seinem Buch »Trialog in Yad Vashem«: »Vor solch einem Bild sagt er mir das! Was für ein Vergleich und was für ein Geständnis!«[35] Juden, die »gestehen«, wie Nazis zu sein, wirken auf einen gewissen Teil der Deutschen regelrecht erlösend.

Wie könnten wir besser über Erinnerung streiten?

Selten war ich nach einem Gespräch so nachdenklich nach einer Radiosendung des *BR* im Sommer 2022, in der die Autorin Charlotte Wiedemann und ich zu Gast waren. Zunächst konnte ich nicht genau erfassen, warum ihre Aussagen so sehr in mir nachgewirkt haben. Es gab keinen offenen Dissens zwischen uns. Erst als ich mir unser Gespräch im Nachgang noch einmal anhörte, fiel mir auf, was mein Unbehagen ausgelöst hatte. Es ging nicht um eine Aussage von Charlotte Wiedemann, sondern um einen Zusammenhang. Der Moderator stellte eine verständliche Frage: »Was wären effektive Maßnahmen gegen Antisemitismus?« Diese Frage lässt sich auf sehr unterschiedliche Weisen beantworten. Die eine setzt vielleicht auf Bildung, der andere könnte auf härtere Strafen pochen oder Forderungen an die Politik stellen. Die Antwort von Charlotte Wiedemann ging aber in eine für mich völlig unerwartete Richtung: Zur Judenfeindschaft hat sie kein einziges Wort gesagt. Ihr ging es um die rund 200.000 Palästinenser in Deutschland, »genau so viele wie Juden« (wobei sie »die beiden Gruppen nicht gegeneinanderstellen« wolle). Dann fuhr sie fort und sprach über Räume für »berechtigte Kritik gegen Israel« und so weiter.[36]

In ihrem aktuellen Buch, das ebenfalls Thema der Sendung war, wirbt sie für mehr Empathie gegenüber »Anderen«. Dabei zeigt ihre Weigerung, auf Antisemitismus einzugehen, dass diese Empathie nicht unbedingt für davon Betroffene vorhanden ist. In ihrem Buch beklagt Wiedemann, die Shoah würde »zur Degradierung anderer Leiden missbraucht«.[37] Die Juden werden als privilegierte Opfer dargestellt. Sie stünden oben in der Hierarchie der Opfer, ihr Erbe wird bei feierlichen Gedenktagen vermisst. Nicht-jüdische Opfer wie Sinti und Roma beschreibt Wiedemann hingegen als »gänzlich Unvermisste«.[38] Die Buchvorstellung in Israel sollte ausgerechnet am 9. November stattfinden. Der Untertitel der Veranstaltung lautete: »Holocaust, Nakba und deutsche Erinnerungskultur«. Kein Wunder, dass die implizite Forderung, die Israelis sollten sich am Gedenktag der Pogromnacht mit der Nakba auseinandersetzen, von vielen als anmaßend empfunden wurde. Erst nach Protest der israelischen Botschaft in Berlin wurde die Veranstaltung abgesagt.

Der Aufruf nach mehr Empathie gegenüber den »Anderen« ist an sich zu begrüßen. Bezeichnend ist aber, dass er oftmals Hand in Hand geht mit Empathielosigkeit gegenüber Juden. Sie gelten als die privilegierten Anderen. Nur so kann man auf den Gedanken kommen, man fördere Empathie, indem man völlig beliebig die Zahlen von jüdischen und Schwarzen Getöteten nebeneinanderstellt. Er bringt zum Ausdruck, was momentan in unserem Gedenkdiskurs falsch läuft: Es herrscht die hartnäckige Vorstellung, wonach die deutsche Erinnerung an den Holocaust die Empathie für Opfer der Kolonialherrschaft verhindert – so als ob die Deutschen nur deswegen die Zeit des Nationalsozialismus aufarbeiten, weil sie der Auseinandersetzung mit den eigenen kolonialen Verbrechen ausweichen wollen; so als ob in anderen europäischen Ländern längst eine einfühlsame Aufarbeitung der Kolonialzeit stattgefunden hat, die nur in Deutschland systematisch verweigert wird.

Es herrscht die Vorstellung, dass vor allem eine Fixierung auf die Shoah die Ursache für die schleppende Aufarbeitung der deutschen Kolonialvergangenheit sei. Das ist ein Trugschluss. Im Kern geht es um den Wunsch, den deutschen Diskurs über Israel zu »normalisieren«, Israel scharf zu verurteilen, ohne dessen Entstehungsgeschichte mitbedenken zu müssen. In anderen Ländern gilt diese Art, über Israel zu reden, als völlig unproblematisch. Das jüngste Beispiel: Die Menschenrechtsorganisation Amnesty International stellte Israel in ihrem Jahresbericht 2022 als »Apartheidstaat« dar und klammerte dabei die historischen Umstände seiner Gründung und die Shoah völlig aus. Der Begleitfilm der Menschenrechtsorganisation ist ein gutes Beispiel dafür, wie man sich in bestimmten links-progressiven Kreisen gerne den Nahostkonflikt erklären will. Die Rede ist lediglich von Juden, die »mehrheitlich aus Europa eingewandert sind« und 1948 das Land der Palästinenser in Besitz genommen haben.[39] Dass es sich bei den Emigranten der späten 1940er-Jahre fast nur um Holocaust-Überlebende handelte, ist für Amnesty nicht einmal einen Nebensatz wert. Diese Gefühlskälte ist umso erschreckender, als sich die Verantwortlichen als antirassistisch verstehen und oft genug mit großer moralischer Empörung agieren, wenn andere ebenso kalt argumentieren.

Deshalb möchte ich am Ende dieses Kapitels noch einmal klarstellen: Die Hoffnung, man könne in Deutschland über Israel so reden, als ob seine Entstehung nichts mit der deutschen Vergangenheit zu tun hätte, ist vergeblich. Das gilt auch für die Versuche von A. Dirk Moses und anderen, die deutsche Erinnerungskultur als Religion abtun. Dieses Vorhaben schafft weder Gerechtigkeit gegenüber anderen Opfergruppen aus der Kolonialzeit, noch trägt es dazu bei, hierzulande »objektiver« über den Nahostkonflikt sprechen zu können.

Es bleibt eine dauerhafte Herausforderung, der Komplexität der Geschichte und ihren Konsequenzen für die

Gegenwart gerecht zu werden. Empathie entsteht nicht per Ranking, indem man die Leichen von Auschwitz gegen die Leichen in der Omaheke-Wüste aufrechnet. Das Leiden anderer Gruppen oder Individuen und das Gedenken an sie wird durch die Erinnerung an den Holocaust nicht berührt. Oder in den Worten von Dan Diner: »Die Folgen kolonialer Gewalt benötigen den Vergleich mit dem Holocaust nicht, um Anerkennung zu erwirken. Kolonialgewalt ist Gewalt eigenen Rechts – genauer: eigenen Unrechts.«[40]

Nachwort

Deutsche Intellektuelle sprechen »nicht gerne« über Israel, behauptet der israelische Philosoph Omri Boehm. Sie schwiegen lieber, unterzögen sich einer »Selbstzensur«.[1] Ein klassischer Fall von Tabuisierung?

Dieses Buch belegt das Gegenteil: Deutsche Intellektuelle – und auch viele Nicht-Intellektuelle – reden gerne, oft und viel über Israel.

Omri Boehm sagt, deutsche Intellektuelle wichen einem rationalen Urteil über den jüdischen Staat aus. Sie fänden nicht den Mut, »aufrichtig über Israel nachzudenken und zu sprechen«.[2] Doch welche intellektuellen Positionen sind »aufrichtig« – und welche nicht? Aufrichtig nennt man leider oft nur jene Standpunkte, die einem selbst passen. Was in den Augen des einen offen und mutig ist, erscheint dem anderen verlogen, populistisch oder hetzerisch.

Sind antiisraelische Positionen per se aufrichtig? Zeugt Zögerlichkeit, sich auf eine Seite zu schlagen, immer von fehlendem Mut? Boehm scheint in die Falle getappt zu sein, die von Günter Grass und anderen gestellt wurde. Dessen Gedicht »Was gesagt werden muss« von 2012 zeigt paradigmatisch, wie die dazugehörige Argumentation funktioniert: Antiisraelische Polemik wird gerechtfertigt, indem man sich theatralisch in Pose wirft: als Todesmutiger, der sich »mit letzter Tinte« für die Wahrheit opfert.

Dieses Kalkül kennt jeder Kommunikationsexperte: Schwache Argumente wirken auf einmal deutlich überzeugender, wenn sich der Sprecher als Tabubrecher inszeniert. So stellte – wie erwähnt – Günter Grass 2012 die steile These auf, dass ausgerechnet und allein Israel den Weltfrieden bedrohe und am Ende gar das iranische Volk »auslöschen« könnte. Auf die gleiche Weise machte der FDP-Politiker Jürgen Möllemann ohne jeden Anlass antiisraelische und – kaum versteckte – antijüdische Ressentiments zu einem zentralen Thema seines Bundestagswahlkampfs 2002.

Aber eine falsche Behauptung wird nicht plötzlich zur Wahrheit, weil man sie als Tabubruch verpackt. Zwar kann ein Tabubruch Gutes bewirken. Er ist fester Bestandteil der Aufklärung. Doch das Kalkül von Grass und Möllemann war antiaufklärerisch. Ihre Tabubrüche waren keine mutige Aufklärung, sondern billiger Vorwand. Günter Grass wollte so seine persönliche biografische Verstrickung in den NS-Staat verharmlosen, Möllemann um rechte und – wie er hoffte - muslimische Wähler werben.

Jürgen Habermas warnte während der Möllemann-Debatte vor den »selbstgefällig-flotten Tabubrechern«, die den »entliehenen Emanzipationsdiskurs als Waschanlage« benutzten. Der Philosoph kritisierte das »diffuse Geschwätz über Tabus« und seine »inflationäre Verwendung« in Debatten über Antisemitismus und Israel.[3]

Seine hier zitierte Analyse ist weiterhin aktuell. Sie macht deutlich: Das Gespräch über Israel in Deutschland kann – und soll – die universellen Prinzipien der Aufklärung genauso berücksichtigen wie auch die deutsche Geschichte. Die »Rücksichtnahme auf historisch begründete Verletzbarkeiten«, so Habermas, ist kein Sprechverbot oder Tabu, sondern eine zivilisatorische Errungenschaft. Sie ist »das transparente Ergebnis einer Reflexion auf das, was für die Wiederherstellung unserer Selbstachtung [als Deutsche] und eines zivilisierten Zusammenlebens unabdingbar war«.[4]

Ob es uns gefällt oder nicht: Eine aufgeklärte Position ist nicht allein Ausdruck reiner Vernunft, sondern auch eine Reflexion der eigenen Verstrickungen. Dazu gehört in Deutschland die Frage, wie die deutsche Verantwortung für die Shoah den Blick auf das heutige Israel und seine Bewohner prägt. Oder die Frage, wie der jüdische Staat zum Vehikel wird, um antisemitische Ressentiments in einer sozial akzeptierten Form Ausdruck zu verleihen.

Übrigens: Die Geschichte beeinflusst nicht nur den Blick derjenigen, die ihrer Verantwortung gerecht werden wollen. Auch alle, die den berühmten »Schlussstrich« unter die Nazizeit fordern, sind von den seismischen Wellen des Zivilisationsbruchs betroffen. Es ist kein Zufall, dass sowohl Möllemann als auch Grass kläglich damit gescheitert sind, sich mit ihrer angeblich tabulosen »Israelkritik« endgültig aus den Verstrickungen der deutschen Vergangenheit zu befreien.

Das bedeutet nicht, dass Israel und Israelis in Deutschland mit Samthandschuhen angefasst werden müssen. Aus meiner Sicht besteht kein Zweifel daran, dass die israelische Politik seit dem Krieg von 1967 falsch abgebogen ist. Das war schon damals vielen klar, aber die Folgen sind heute viel stärker zu spüren – besonders seit dem Mord an Jitzchak Rabin 1995 und dem Scheitern der Friedensverhandlungen mit den Palästinensern in den Jahren danach. Um wieder in die richtige Spur zu finden, ist Israel – mehr denn je – auf die Hilfe seiner Freunde in aller Welt angewiesen. Die aktuelle rechtspopulistische und rechtsextremistische Regierung von Benjamin Netanjahu stellt die deutsche und europäische Außenpolitik vor eine große Herausforderung. Wie kann Deutschland als Verbündeter Israels die einzige Demokratie im Nahost vor sich selbst retten?

Angesichts der politischen Entwicklungen in Israel ist die Zeit gekommen, die bisherigen Grundannahmen der »besonderen Beziehungen« zwischen den Ländern auf den Prüfstein zu stellen. Denn mit dem Aufstieg des religiösen Nationalismus und demokratiefeindlicher Kräfte an die Macht drohen die Fundamente der deutsch-israelischen Beziehungen zu erodieren. Sie stellen eine existenzielle Gefahr für die humanistische Vision eines jüdischen demokratischen Staats dar. Eine neue Staatsräson für Israels Sicherheit muss dem stärker Rechnung tragen; die Frage ist, ob Israel noch vor sich selbst zu retten ist. Oder konstruktiver formuliert: Wie kann Deutschland die friedlichen und demokratischen Kräfte unterstützen? Es kann nicht sein, dass mit Verweis auf die »besonderen Beziehungen« Rechtsextreme – auch solche mit Ministerposten – in Israel legitimiert werden. Es braucht heute eine moralisch legitimierte Politik, die den demokratischen und humanistischen Kräften in der israelischen Gesellschaft und Politik zur Seite steht. Es braucht eine klare Absage an den Rechtsextremismus, auch wenn er im israelischen Kabinett auftritt. Das wäre auch ein Ausdruck dafür, dass Deutschland eine Lehre aus der Geschichte gezogen hat.

Ich wünsche mir, dass in Zukunft die Friedensarbeit im Mittelpunkt der deutsch-israelischen Beziehung stehen wird. Zum Beispiel die Frage, wie wir in Deutschland Israelis und Palästinensern helfen können, ohne den Brandstiftern auf beiden Seiten in die Hände zu spielen. Es gibt genug Beispiele dafür, dass deutsche Institutionen konstruktiv in die israelische Zivilgesellschaft hineinwirken. Sei es die Arbeit der Stiftungen deutscher Parteien in Israel – von der Rosa-Luxemburg- bis zur Konrad-Adenauer-Stiftung oder die Arbeit der Freiwilligen der Aktion Sühnezeichen Friedensdienste. Sie alle versuchen, friedliche Kräfte innerhalb der israelischen und der palästinensischen Gesellschaft zu stärken – und so dem Frieden im Nahen Osten einige Millimeter näher zu kommen.

Es erstaunt mich immer wieder, wie anfällig bestimmte Teile der deutschen Gesellschaft für die Propaganda rechter Regierungen in Jerusalem sind. Andere wiederum – vor allem in muslimisch-migrantischen Milieus – fallen zu oft auf extremistische Kräfte aus Gaza und Libanon herein. Statt reflektierter Positionen haben derzeit einseitige emotionale Solidaritätsbekundungen Hochkonjunktur.

Die in diesem Buch dargestellten Kontroversen – von innerlinken Kämpfen und den Varianten des Historikerstreits, vom BDS-Beschluss des Bundestags 2019 bis zur Documenta 2022 – zeigen, wie sich in Deutschland Lagerdenken verfestigt. Aktuell gibt es kaum noch einen Raum, in dem man die Situation in Israel und den palästinensischen Gebieten offen analysieren könnte – jenseits von ideologischen Festlegungen und Vorurteilen. Derzeit scheint der einzige Zweck einer Debatte darin zu bestehen, die jeweils eigene Position zu verkünden, von Fans bestätigen zu lassen und die Ansichten des Gegners zu delegitimieren.

Die Dynamik dahinter hat die Politikwissenschaftlerin Chantal Mouffe einmal sehr treffend analysiert. Sie warnte vor einer Situation, in der Politik im Register der Moral ausgetragen wird. Denn dann werden Opponenten als »Feinde« begriffen und auch so behandelt: »Mit den ›bösen anderen‹ ist keine agonistische Diskussion möglich – sie müssen beseitigt werden.«[5] Dieser Satz ging mir oft durch den Kopf, als ich im Mai 2021 die Demonstrationen zum Israel-Gaza-Konflikt in einigen deutschen Städten beobachtet habe.

Wird es jemals möglich sein, hier in Deutschland eine sachliche Debatte über Israel zu führen? Oft werde ich gefragt, was ich von meinen deutschen Freunden erwarte: Wie sollen sie sich zu Israel äußern? Dann fällt mir ein, was die afroamerikanische Dichterin Pat Parker einmal zu ihren weißen Freunden gesagt hat: »Erstens: Vergiss, dass ich Schwarz bin. Zweitens: Vergiss nie, dass ich Schwarz bin.« Übertragen auf die deutsche Debatte zu Israel bedeutet das: Erstens, vergiss, dass Israel nach Auschwitz entstanden ist. Zweitens, vergiss nie, dass Israel nach Auschwitz entstanden ist. Und wer sich darüber beklagt, dass diese Forderung so entsetzlich widersprüchlich ist, hat damit verdammt recht.

Dank

Mein besonderer Dank gilt Malte Göbel und Philip Eicker für die klugen Impulse und treue Begleitung im Schreibprozess. Martin Breitfeld und Sina Arnold für das aufmerksame Lektorat und konstruktive Kritik zur ersten Fassung dieses Buches. Janis Detert und Davide Torrente für die tatkräftige Unterstützung bei der Recherche. Und Saba-Nur Cheema für alles, was sich in Worte nicht fassen lässt.

Literaturverzeichnis

Adenauer, Konrad (1966): Erinnerungen 1953–55, DVA, Stuttgart.

Arendt, Hannah (2012): Eichmann in Jerusalem. Ein Bericht von der Banalität des Bösen, Piper, München.

Arnold, Sina (2016): »Das unsichtbare Vorurteil. Antisemitismusdiskurse in der US-amerikanischen Linken nach 9/11«, Hamburger Edition, Hamburg.

Baddiel, David (2021): Und die Juden? Hanser, München.

Bankier, David (Hrsg.) (2006): Fragen zum Holocaust. Interviews mit prominenten Forschern und Denkern, Wallstein, Göttingen.

Ben-Natan, Asher (2005): Brücken bauen – aber nicht vergessen, Droste, Düsseldorf.

Benz, Wolfgang (2019): Vorwort, in: Katharina Kretzschmar: Identitäten im Konflikt. Palästinensische Erinnerung an die Nakba 1948 und deren Wirkung auf die dritte Generation, Transcript, Bielefeld.

Bergmann, Werner (1997): Antisemitismus in öffentlichen Konflikten. Kollektives Lernen in der politischen Kultur der Bundesrepublik 1949–1989, Campus, Frankfurt am Main.

Bertelsmann Stiftung (Hrsg.) (2022): Deutschland und Israel heute: Zwischen Verbundenheit und Entfremdung, Gütersloh. Online: https://www.bertelsmann-stiftung.de/fileadmin/files/BSt/Publikationen/GrauePublikationen/Deutschland_Israel_heute_2022.pdf.

Boehm, Omri (2020): Israel – eine Utopie, Propyläen, Berlin.

Decker, Oliver & Brähler, Elmar (Hrsg.) (2020): Autoritäre Dynamiken. Alte Ressentiments – neue Radikalität. Leipziger Autoritarismus Studie 2020, Psychosozial-Verlag, Gießen.

Dierolf, Kirsten (2019): Roger Waters, das Schwein und BDS. Antisemitische Argumentationsmuster in der Boykottkampagne gegen Israel, in: Samuel Salzborn (Hrsg.): Antisemitismus seit 9/11. Ereignisse, Debatten, Kontroversen, Nomos, Baden-Baden, S. 427–447.

Diner, Dan (2015): Rituelle Distanz. Israels deutsche Frage, DVA, München.

Friedländer, Saul, Norbert Frei, Sybille Steinbacher, Dan Diner & Jürgen Habermas (2022): Ein Verbrechen ohne Namen. Anmerkungen zum neuen Streit über den Holocaust, C. H. Beck, München.

Führer, Karl Christian (2012): Schuld und Selbstbesinnung. Axel Springers Bild-Zeitung und die Juden in den 1950er und 1960er Jahren, in: Fritz Backhaus, Dmitrij Belkin, Raphael Gross (Hrsg.): Bild Dir Dein Volk. Axel Springer und die Juden, Wallstein, Göttingen.

Große Kracht, Klaus (2021): Die zankende Zunft. Historische Kontroversen in Deutschland nach 1945, Vandenhoeck & Ruprecht, Göttingen.

Grossman, David (1992): Der geteilte Israeli. Reportagen über den Zwang, den Nachbarn nicht zu verstehen, Hanser, München.

Heitmeyer, Wilhelm (Hrsg.) (2011): Deutsche Zustände. Folge 10, Suhrkamp, Berlin.

Holz, Klaus & Haury, Thomas (2021): Antisemitismus gegen Israel, Hamburger Edition, Hamburg.

Horkheimer, Max & Adorno, Theodor W. (1987): »Dialektik der Aufklärung« und Schriften 1940–1950, hrsg. von Gunzelin Schmid Noerr, Fischer, Frankfurt am Main.

Jacobs, Sean, Soske, Jon (Hrsg.) (2015): Apartheid Israel. The Politics of an Analogy, Foreword by Achille Mbembe, Haymarket Books, Chicago.

Jelinek, Yeshayahu (2004): Deutschland und Israel 1945–1965. Ein neurotisches Verhältnis, Wissenschaftsverlag, Oldenburg.

Jürgs, Michael (2012): Israel, son amour, in: Fritz Backhaus, Dmitrij Belkin, Raphael Gross (Hrsg.): Bild Dir Dein Volk. Axel Springer und die Juden, Wallstein, Göttingen.

Käpernick, Thomas (2009): Die Studentenrevolte von 1968: Vom Philosemitismus zum Antizionismus? in: Diekmann, Irene A., Kotowski, Elke-Vera (Hrsg.): Geliebter Feind – Gehasster Freund. Antisemitismus und Philosemitismus in Geschichte und Gegenwart, Verlag für Berlin-Brandenburg, Berlin.

Kloke, Martin W. (1994): Israel und die deutsche Linke. Zur Geschichte eines schwierigen Verhältnisses, Haag und Herchen, Frankfurt am Main.

Marwecki, Daniel (2020): Germany and Israel. Whitewashing and Statebuilding, Hurst & Company, London.

Mbembe, Achille (2017): Politik der Feindschaft, Suhrkamp, Berlin.

Meinhof, Ulrike (1980): »Drei Freunde Israels«, in: Die Würde des Menschen ist antastbar. Aufsätze und Polemiken, Wagenbach, Berlin.

Mendel, Meron & Messerschmidt, Astrid (Hrsg.) (2017): Fragiler Konsens. Antisemitismuskritische Bildung in der Migrationsgesellschaft, Campus, Frankfurt am Main.

Mendel, Meron, Cheema, Saba-Nur, Arnold, Sina (Hrsg.) (2022): Frenemies. Antisemitismus, Rassismus und ihre Kritiker*innen, Verbrecher Verlag, Berlin.

Moses, A. Dirk (2020): Der Katechismus der Deutschen, in: Geschichte der Gegenwart, Zürich, Online: https://geschichte dergegenwart.ch/der-katechismus-der-deutschen/.

Mouffe, Chantal (2015): Über das Politische. Wider die kosmopolitische Illusion, Suhrkamp, Frankfurt am Main.

Niederhoff, Henning (2011): Trialog in Yad Vashem. Palästinenser, Israelis und Deutsche im Gespräch. Mit einem Geleitwort von Noach Flug, LIT, Münster.

Noelle, Elisabeth & Neumann, Erich Peter (Hrsg.) (1957): Jahrbuch der Öffentlichen Meinung 1957, Verlag für Demoskopie, Allensbach.

Noelle, Elisabeth & Neumann, Erich Peter (Hrsg.) (1965): Jahrbuch der Öffentlichen Meinung 1958–1964, Verlag für Demoskopie, Allensbach.

Noelle, Elisabeth & Neumann, Erich Peter (Hrsg.) (1967): Jahrbuch der Öffentlichen Meinung 1965–1967, Verlag für Demoskopie, Allensbach.

Noelle-Neumann, Elisabeth & Köcher, Renate (Hrsg.) (1993): Allensbacher Jahrbuch der Demoskopie 1984–1992, Verlag für Demoskopie, Allensbach.

Noelle-Neumann, Elisabeth & Köcher, Renate (Hrsg.) (2002): Allensbacher Jahrbuch der Demoskopie 1998–2002, Verlag für Demoskopie, Allensbach.

Noelle-Neumann, Elisabeth & Piel, Edgar (Hrsg.) (1983): Allensbacher Jahrbuch der Demoskopie 1978–1983, K.G. Saur, München.

Noelle-Neumann, Elisabeth (Hrsg.) (1976): Allensbacher Jahrbuch der Demoskopie 1974–1976, Verlag Fritz Molden, Wien.

Peace Research Institute in the Middle East (Hrsg.) (2015): Die Geschichte des Anderen kennen lernen. Israel und Palästina im 20. Jahrhundert, Campus, Frankfurt am Main.

Peitsch, Helmut (2009): Philosemitismus in der Gruppe 47, in: Diekmann, Irene A., Kotowski, Elke-Vera (Hrsg.): Geliebter Feind – Gehasster Freund. Antisemitismus und Philosemitismus in Geschichte und Gegenwart, Verlag für Berlin-Brandenburg, Berlin.

Piper, Ernst Reinhard (Hrsg.) (1987): »Historikerstreit«. Die Dokumentation der Kontroverse um die Einzigartigkeit der nationalsozialistischen Judenvernichtung, Piper, München/ Zürich.

Richter, Frederik (2020): Geheimsache Korruption. Wie die deutsche Schmiergeldindustrie weltweit die Demokratie verrät, Correctiv, Essen.

Rothberg, Michael (2009): Multidirectional Memory. Remembering the Holocaust in the Age of Decolonization, Stanford University Press.

Rothberg, Michael (2021): Multidirektionale Erinnerung. Holocaustgedenken im Zeitalter der Dekolonisierung, Metropol Verlag, Berlin.

Shaw, Martin & Bartov, Omer (2010): The question of genocide in Palestine, 1948. In: Journal of Genocide Research 12, Nr. 3–4 (2010), S. 248–252.

Simmel, Georg (2018): Exkurs über den Fremden, in: Soziologie. Untersuchungen über die Formen der Vergesellschaftung, Suhrkamp, Frankfurt am Main, S. 764–771.

Singh, Amritjit & Johnson, Bruce G. (Hrsg.) (2004): Interviews with Edward W. Said, University Press of Mississippi.

Spivak, Gayatri Chakravorty (2014): Wer hört die Subalterne? Rück- und Ausblick, in: Luxemburg. Gesellschaftsanalyse und linke Praxis 20 (3/2014), S. 6–15. Online: www. zeitschrift-luxemburg.de/wer-hoert-die-subalterne-rueck-und-ausblick/.

Stern, Frank (1992): The Whitewashing of the Yellow Badge. Antisemitism and Philosemitism in Postwar Germany, Pergamon-Press, Oxford.

Sznaider, Natan (2022): Fluchtpunkte der Erinnerung. Über die Gegenwart von Holocaust und Kolonialismus, Hanser, München.

Trimbur, Dominique (2003): American influence on the Federal Republic of Germany's Israel Policy, 1951–1956, in: Goren, Haim (Hrsg.): Germany and the Middle East: Past, Present, Future, Magnes Press, Jerusalem.

Tuschling, Paula (2021): Antisemitismus in der AfD. Eine Untersuchung unter besonderer Berücksichtigung des Falls Wolfgang Gedeon, Tectum, Baden-Baden.

Ullrich, Peter (2013): Deutsche, Linke und der Nahostkonflikt. Politik im Antisemitismus- und Erinnerungsdiskurs, Wallstein, Göttingen.

Ullrich, Peter (2022): Über Antisemitismus sprechen. BDS, die IHRA und die Deutungskämpfe um Antisemitismus im Kontext des Nahostkonflikts, in: André Ritter (Hrsg.): Antisemitismus in Europa. Eine Problemanzeige im Kontext des interreligiösen Dialogs, Waxmann, Münster/New York.

Vogel, Rolf (Hrsg.) (1967): Deutschlands Weg nach Israel. Eine Dokumentation, Seewald, Stuttgart.

Volkov, Shulamit (2000): Antisemitismus als kultureller Code. Zehn Essays, C. H. Beck, München.

Vowinckel, Annette (2004): Der kurze Weg nach Entebbe oder die Verlängerung der deutschen Geschichte in den Nahen Osten, in: Zeithistorische Forschungen, 1/2004, S. 236–254. Online: https://zeithistorische-forschungen.de/2-2004/4742.

Weis, Florian, Cohen, Tsafrir, Hermann, Katja (2021): Die Kampagne »Boykott, Desinvestitionen und Sanktionen«. Hintergründe, Ziele und Methoden, Online-Publikation der Rosa Luxemburg Stiftung: https://www.rosalux.de/fileadmin/rls_uploads/pdfs/Artikel/15-21_Onl-Publ_Die_Kampagne.pdf.

Wiedemann, Charlotte (2022): Den Schmerz der Anderen begreifen. Holocaust und Weltgedächtnis, Propyläen, Berlin.

Zick, Andreas & Beate Küpper (Hrsg.) (2021): Die geforderte Mitte. Rechtsextreme und demokratiegefährdende Einstellungen in Deutschland 2020/21, Dietz, Bonn.

Zick, Andreas, Beate Küpper, Wilhelm Berghan (Hrsg.) (2019): Verlorene Mitte – Feindselige Zustände. Rechtsextreme Einstellungen in Deutschland 2018/19, Dietz, Bonn.

Anmerkungen

Prolog

1. David Grossman 1992, Der geteilte Israeli.
2. Zum besseren Verständnis: Bei dem Austausch trafen wir jüdischen Israelis auf arabische Israelis – also in Israel lebende Araber, die ebenfalls israelische Staatsbürger sind. Alle waren Palästinenser, jedoch nicht aus den besetzten Gebieten. Diese gelten bis heute offiziell als staatenlos.
3. Peace Research Institute in the Middle East 2015, Die Geschichte des Anderen kennen lernen.
4. Levitsky & Ziblatt 2018, Wie Demokratien sterben.
5. Die Zeit, 05.07.2021, Wie gerecht ist unser Gedenken? Gespräch zwischen A. Dirk Moses und Volkhard Knigge, https://www.zeit.de/2021/27/holocaust-gedenken-aufarbeitung-koloniale-verbrechen-dirk-moses. Auf diesen und alle folgenden Links wurde zuletzt zugegriffen am 30.09.2022.
6. Georg Simmel 2018, Exkurs über den Fremden, S. 764.

Vorwort

1. Interview mit einem Sterbenden, https://plus.tagesspiegel.de/gesellschaft/interview-mit-einem-sterbenden-mein-leben-war-gut-ich-weiss-was-ich-sage-272020.html.
2. Gottfried Hutter, Einsichten und Schritte auf dem Weg zum Frieden im Heiligen Land, https://temple-project.org (S. 6).
3. Andreas Zick et al. 2019, Verlorene Mitte – Feindselige Zustände, S. 70 ff.
4. Daniel Cil Brecher, Zwischen Stigma und Identität, in: Wolfgang Benz (Hrsg.), Streitfall Antisemitismus, Metropol, Berlin 2020, S. 34.
5. Dieses Buch beschäftigt sich ausschließlich mit der westdeutschen Geschichte. Der Diskurs in der DDR über Israel ist eine eigene Ge-

schichte, die an einer anderen Stelle untersucht werden soll. Durch die Wiedervereinigung und die Vereinnahmung der DDR durch die BRD erscheinen mir die Traditionslinien des westdeutschen Staates einflussreicher auf die heutige Diskussion über Israel zu sein.

6. Eigene Recherche im Dokumentations- und Informationssystem für Parlamentsmaterialien, https://dip.bundestag.de/.

7. Bertelsmann Stiftung (2022), Deutschland und Israel heute: Zwischen Verbundenheit und Entfremdung. S. 18. https://www.bertelsmann-stiftung.de/fileadmin/files/BSt/Publikationen/GrauePublikationen/Deutschland_Israel_heute_2022.pdf.

8. Jugendaustauschprojekte werden durch »ConAct: Koordinierungszentrum Deutsch-Israelischer Jugendaustausch« gefördert. Die Bundeszentrale für politische Bildung organisiert regelmäßig Bildungsreisen nach Israel.

9. In diversen Studien und Bevölkerungsbefragungen werden die Einstellungen zu Antisemitismus – sowohl »klassischer« wie »israelbezogener« – erhoben. Exemplarisch nachzulesen in den von Wilhelm Heitmeyer in zehn Folgen herausgegebenen »Deutschen Zuständen« (2002 bis 2011), den »Mitte-Studien« von Andreas Zick (seit 2006) oder den von Oliver Decker und Elmar Brähler herausgegebenen »Leipziger Autoritarismus Studien« (seit 2002). Zudem erfasst und dokumentiert der Bundesverband der Recherche- und Informationsstellen Antisemitismus e. V. seit 2019 systematisch antisemitische Vorfälle, nachzulesen unter: https://report-antisemitism.de/. Hinzu kommen immer wieder einzelne Studien, jüngst etwa eine Repräsentativbefragung vom Institut für Demoskopie Allensbach, nachzulesen hier: https://ajcgermany.org/system/files/document/AJC%20Berlin_Antisemitismus%20in%20Deutschland_Eine%20Repr%C3%A4sentativbefragung.pdf. Dieser zufolge haben beispielsweise 23 % der deutschen Bevölkerung ein schlechtes oder sehr schlechtes Bild von Israel (S. 39). Laut den Studien von Andreas Zick stimmen 2021/22 der Aussage »Was der Staat Israel heute mit den Palästinensern macht, ist im Prinzip auch nichts anderes als das, was die Nazis im Dritten Reich mit den Juden gemacht haben« 6,9 % voll und ganz, 11,4 % eher und 26,7 % teils/teils zu. 55 % stimmen (überhaupt) nicht zu (vgl. Zick & Küpper 2021, Die geforderte Mitte, S. 188 f.). Die verschiedenen Studien und Ergebnisse sind wegen unterschiedlicher Zugänge nicht ohne Weiteres miteinander zu vergleichen, auch deshalb lassen sich Trends und Entwicklungen oft nicht leicht ausmachen.

10. Dan Diner 2015, Rituelle Distanz, S. 7.

1. Ha-Chamishia Ha-Kamerit, Feldermaus at the Olympics, https://www.youtube.com/watch?v=NyLNAATg82k.
2. Bundestagsdebatte zum 70. Jahrestag der Gründung des Staates Israel am 26.04.2018, https://dserver.bundestag.de/btp/19/19029.pdf sowie https://www.youtube.com/watch?v=1kVyQl1_5jQ.
3. Stern, 23.05.2012, Stern-Umfrage: Israel verliert bei den Deutschen an Ansehen, https://www.stern.de/politik/deutschland/stern-umfrage-israel-verliert-bei-den-deutschen-anansehen-3675314.html.
4. Bertelsmann-Stiftung, 2021, Deutliche Unterschiede in der gegenseitigen Wahrnehmung zwischen Europa und Israel, https://www.bertelsmann-stiftung.de/de/publikationen/publikation/did/deutliche-unterschiede-in-der-gegenseitigen-wahrnehmung-zwischen-europa-und-israel (S. 3).
5. Rede von Bundeskanzlerin Angela Merkel vor der Knesset am 18.03.2008 in Jerusalem, https://www.bundesregierung.de/breg-de/service/bulletin/rede-von-bundeskanzlerin-dr-angela-merkel-796170.
6. Welt am Sonntag, 20.08.2006, Warum sollen unsere Soldaten in den Libanon, Frau Merkel? https://www.welt.de/print-wams/article86911/Warum-sollen-unsere-Soldaten-in-den-Libanon-Frau-Merkel.html.
7. Rede von Bundeskanzlerin Angela Merkel vor der Generalversammlung der Vereinten Nationen am 25. September 2007 in New York, https://www.bundesregierung.de/breg-de/service/bulletin/rede-von-bundeskanzlerin-dr-angela-merkel-796984.
8. Antrag der Fraktionen CDU/CSU, SPD, FDP und Bündnis 90/Die Grünen: Der BDS-Bewegung entschlossen entgegentreten – Antisemitismus bekämpfen, Deutscher Bundestag, Drucksache 19/10191, 19. Wahlperiode, 15.05.2019, https://dserver.bundestag.de/btd/19/101/1910191.pdf (S. 1).
9. Den Koalitionsvertrag zwischen SPD, Grünen und FDP gibt es u.a. hier zum Nachlesen, https://www.spiegel.de/politik/koalitionsvertrag-der-ampel-parteien-im-wortlaut-darauf-haben-sich-spd-gruene-und-fdp-geeinigt-a-3e25c4da-088a-4971-8a4d-4797a4ecf089.
10. Spiegel, 10.02.2022, Außenministerin Baerbock in Israel, https://www.spiegel.de/ausland/bundesaussenministerin-annalena-baerbock-in-israel-sicherheit-israels-ist-und-bleibt-deutsche-staatsraeson-a-5ed60f27-736e-4048-8770-5d117cb0481f.
11. Die Zeit, 22.04.2010, Verstehen Sie das, Herr Schmidt? https://

www.zeit.de/2010/17/Gespraech-Helmut-Schmidt?sort=promo-ted&page=10.

12. Welt, 03.06.2021, »Auch Herr Schmidt schwor dem Führer Treue«, https://www.welt.de/geschichte/plus231559777/Deutschland-Israel-Premier-Begin-gegen-Helmut-Schmidt.html.

13. Wobei Schmidt an anderer Stelle durchaus eine besondere Ver-pflichtung Deutschlands gegenüber Israel betont hat, etwa in der Bundestagsdebatte zum Sechstagekrieg am 7. Juni 1967. Dort aller-dings im Zusammenhang mit der Untätigkeit der DDR.

14. Deutscher Bundestag, 165. Sitzung, 27.09.1951, https://dserver.bun-destag.de/btp/01/01165.pdf bzw. https://www.konrad-adenauer.de/seite/27-september-1951/.

15. Elisabeth Noelle et al. 1956, Jahrbuch der Öffentlichen Meinung 1947–1955, S. 130.

16. Konrad Adenauer 1966, Erinnerungen 1953–55, S. 136.

17. Ebd., S. 138.

18. Werner Bergmann 1997, Antisemitismus in öffentlichen Konflikten, S. 67.

19. Frank Stern 1992, The Whitewashing of the Yellow Badge.

20. Daniel Marwecki 2020, Germany and Israel, S. 29.

21. Dominique Trimbur 2003, American influence on the Federal Re-public of Germany's Israel Policy, S. 275.

22. Daniel Marwecki 2020, Germany and Israel, S. 72.

23. Rolf Vogel 1987, Deutschlands Weg nach Israel, S. 134 f.

24. Yeshayahu Jelinek 2004, Deutschland und Israel 1945–1965, S. 409.

25. taz, 05.06.2017, https://taz.de/Die-Folgen-des-Sechstagekriegs/!5411542/.

26. Elisabeth Noelle et al. 1967, Jahrbuch der Öffentlichen Meinung 1965–1967, S. 470–471.

27. Bundestags-Plenarprotokoll 111. Sitzung, 7. Juni 1967, S. 5268, https://dserver.bundestag.de/btp/05/05111.pdf.

28. Elisabeth Noelle et al. 1967, Jahrbuch der Öffentlichen Meinung 1965–1967, S. 472 ff.

29. Asher Ben-Natan 2005, Brücken bauen – aber nicht vergessen, S. 111.

30. Bundestags-Plenarprotokoll, 11. Wahlperiode, 221. Sitzung, 23. Au-gust 1990, S. 17478, https://dserver.bundestag.de/btp/11/11221.pdf.

31. Elisabeth Noelle-Neumann et al. 1993, Allensbacher Jahrbuch der Demoskopie 1984–1992, S. 1090.

32. t-online, 22.03.2018, Kurdische Giftgas-Opfer verklagen TUI, https://www.t-online.de/nachrichten/ausland/krisen/id_83419966/kurdische-giftgas-opfer-verklagen-tui-auf-milliarden.html.

33. Spiegel, 12.04.1992, »Wanzen, Flöhe, Perser, Israelis«, https://www.

spiegel.de/politik/wanzen-floehe-perser-israelis-a-6619febf-0002-0001-0000-000013679461?context=issue.

34. Bundestags-Plenarprotokoll, 12. Wahlperiode, 6. Sitzung, 31. Januar 1991, S. 95, https://dserver.bundestag.de/btp/12/12006.pdf.

35. In einer eidesstattlichen Erklärung 2021 berichtete Ehud Barak (Verteidigungsminister 2007–2013), dass das siebte, achte und neunte U-Boot von der israelischen Armee nicht gewollt war: »Die Armee hat sich sogar deutlich dagegen ausgesprochen.« https://ynet-images1.yit.co.il/picserver5/wcm_upload_files/2021/01/21/r1eIDvNwkd/_____.pdf. Der damalige israelische Verteidigungsminister Mosche Jaalon bezweifelte 2012, dass Israel mehr als fünf U-Boote benötigte, vgl. Frederik Richter 2020, Geheimsache Korruption, S. 47.

36. Dan Diner 2015, Rituelle Distanz, S. 7.

37. Haaretz, »Das Kabinett setzt Untersuchungsausschuss zur U-Boot-Affäre ein« (hebräisch), https://www.haaretz.co.il/news/politics/2022-01-23/ty-article/0000017f-f61e-d460-afff-ff7e1cd90000?utm_source=App_Share&utm_medium=iOS_Native.

38. Bertelsmann Stiftung 2022, Deutschland und Israel heute, S. 33.

39. In den Jahren 1956, 1959, 1962 und 1963 stand Israel immer als letzte mit 10 bis 20 Prozent Zustimmung auf dem letzten Platz. Elisabeth Noelle et al. 1965, Jahrbuch der Öffentlichen Meinung 1958–1964, S. 533.

40. Werte von 1972 und 1974 aus: Elisabeth Noelle-Neumann 1976, Allensbacher Jahrbuch der Demoskopie 1974–1976, S. 279.

41. Werte aus: Elisabeth Noelle-Neumannet et al. 1983, Allensbacher Jahrbuch der Demoskopie 1978–1983, S. 648.

42. Werte aus: Elisabeth Noelle-Neumann et al. 2002, Allensbacher Jahrbuch der Demoskopie 1998–2002, S. 1001.

43. Die Grundsätze wurden 1967 erstmals formuliert und im Laufe der Jahre immer wieder ergänzt. Sie sind Teil der Satzung des Verlags und gelten auch für internationale Angestellte des Konzerns, etwa die Mitarbeiter der US-Mediengruppe Politico, die 2021 übernommen wurde. https://www.axelspringer.com/de/werte.

44. Michael Jürgs 2012, Israel, son amour, S. 101 ff.

45. Zitiert nach Jürgs, S. 101 ff.

46. Karl Christian Führer 2012, Schuld und Selbstbesinnung.

47. Thomas Käpernick 2009, Die Studentenrevolte von 1968, S. 455.

48. Tagesspiegel, 03.06.2021, »Klassisch antisemitische Stereotype«, https://www.tagesspiegel.de/politik/klassische-antisemitische-stereotype-erstmals-aeussert-sich-ein-chef-einer-verfassungs schutzbehoerde-zum-fall-maassen/27254658.html.

49. taz, 09.09.2020, Das Vorurteil vom reichen Juden, https://taz.de/Protestoper-in-Berlin-Grunewald/!5707948/.

50. Helmut Peitsch 2009, Philosemitismus in der Gruppe 47, S. 616.

51. Ma'ariv 10.11.1971 (S. 4), Jugendliche störten den Vortrag des deutschen Schriftstellers Günter Grass (hebräisch).

52. Tageszeitung »Davar«, 18.11.1971, https://www.nli.org.il/he/newspapers/dav/1971/11/18/01/article/41?&dliv=none&e=-------he-20--1--img-txIN%7ctxTI-------------1&utm_source=he.wikipedia.org&utm_medium=referral&utm_campaign=%22%D7%92%D7%99%D7%A0%D7%98%D7%A8+%D7%92%D7%A8%D7%90%D7%A1%22&utm_content=itonut.

53. Spiegel, 10.10.2001, Interview mit Günter Grass, https://www.spiegel.de/kultur/gesellschaft/interview-mit-guenter-grass-ii-amerikakritik-ist-ein-freundschaftsdienst-a-161446.html.

54. FAZ, 04.04.2012, Was Grass uns sagen will. Eine Erläuterung, https://www.faz.net/aktuell/feuilleton/debatten/das-israel-gedicht-von-grass/eine-erlaeuterung-was-grass-uns-sagen-will-11708120.html.

55. Haaretz, What Israeli Spymaster Rafi Eitan Couldn't Reveal in His Memoir, https://www.haaretz.com/israel-news/2021-01-07/ty-article-magazine/.highlight/what-israeli-spymaster-rafi-eitan-couldnt-reveal-in-his-memoir/0000017f-e0b7-d568-ad7f-f3ff410b0000.

56. AfD-Fraktion im Bundestag, 01.02.2018, Mossad-Geheimdienstlegende zu Gast bei AfD, https://www.youtube.com/watch?v=I9k-WT30JxUY.

57. SZ, 25.09.2017, AfD streitet über Haltung zu Israel, https://www.sueddeutsche.de/politik/bundestagswahl-afd-streitet-ueber-haltung-zu-israel-1.3682734.

58. FAZ, 25.09.2017, Interview mit Alexander Gauland, https://www.faz.net/aktuell/politik/bundestagswahl/alexander-gauland-im-gespraeche-petry-hat-der-partei-in-den-ruecken-gestochen-15216294.html.

59. SZ, 25.09.2017, AfD streitet über Haltung zu Israel, https://www.sueddeutsche.de/politik/bundestagswahl-afd-streitet-ueber-haltung-zu-israel-1.3682734.

60. Plenarprotokoll Deutscher Bundestag, Stenografischer Bericht 29. Sitzung, Berlin, 26.04.2018, https://dserver.bundestag.de/btp/19/19029.pdf.

61. Vgl. die Studie des Allensbach Instituts, 2022, Antisemitismus in Deutschland, https://ajcgermany.org/system/files/document/AJC%20Berlin_Antisemitismus%20in%20Deutschland_Eine%20Repr%C3%A4sentativbefragung.pdf.

62. Spiegel, 17.12.2021, Antisemitismus gehört laut Studie zum ›programmatischen Kern‹ der AfD, https://www.spiegel.de/politik/deutschland/afd-antisemitismus-gehoert-laut-studie-zum-programmatischen-kern-der-partei-a-ee57381b-a3c2-4910-a69e-d68e0bac8f73.

63. Deutscher Bundestag / 19. WP / Sitzung 102 / Zusatzpunkt 11, https://de.openparliament.tv/media/DE-0190102082?personID=Q40994438.

64. Plenarprotokoll 19. Deutscher Bundestag, Stenografischer Bericht, 169. Sitzung, 1. Juli 2020, https://dserver.bundestag.de/btp/19/19169.pdf.

65. Frankfurter Rundschau, 25.09.2017, Israel ignoriert AfD-Wahlerfolg, https://www.fr.de/politik/israel-ignoriert-afd-wahlerfolg-11020951.html.

66. Tagesspiegel, 01.02.2019, Israel und Europas Rechtspopulisten, https://www.tagesspiegel.de/politik/israel-und-europas-rechtspopulisten-verbuendete-gegen-islam-und-islamismus/23938578.html.

67. AfD, 05.02.2018, Georg Pazderski: Israel macht es vor – Afrikanische Migranten werden ausgewiesen, https://www.afd.de/georg-pazderski-israel-macht-es-vor-afrikanische-migranten-werden-ausgewiesen/.

68. Plenarprotokoll 19. Deutscher Bundestag, Stenografischer Bericht 143. Sitzung, 30.01.2020, https://dipbt.bundestag.de/dip21/btp/19/19143.pdf.

69. WDR Monitor, 27.05.2021, Antisemitismus der Anderen: Die rechte Kampagne vom ›importierten Judenhass‹, https://www1.wdr.de/daserste/monitor/sendungen/antisemitismus-126.html.

70. Der Freitag, 18/2019, Treten statt vertreten. Homosexuelle in der AfD, https://www.freitag.de/autoren/helkonie/treten-statt-vertreten.

71. Hannah Arendt 2012, Eichmann in Jerusalem. Immer wieder gab es (in Deutschland wie Israel) Versuche, den Mufti von Jerusalem Amin al-Husseini als prominente Figur bei der Planung des Holocaust darzustellen. Noch 2015 erklärte Benjamin Netanjahu in einer Rede vor dem jüdischen Weltkongress, dieser habe eine »zentrale Rolle als Anstifter zur Endlösung« gespielt. Bei einem Treffen zwischen Hitler und al-Husseini im Jahr 1941 soll der Mufti auf Hitlers Frage »Was soll ich also mit den Juden machen?« laut Netanjahu mit »Verbrennen Sie sie« geantwortet haben. Ein Dialog, der in keiner historischen Quelle zu finden ist.

1. Boycott Pop-Kultur Festival, http://www.boycottpopkulturfestival.com/de/.
2. Exemplarisch: https://bdsmovement.net/news/bds-calls-to-boycott-three-german-clubs sowie https://www.melodieundrhythmus.com/mr-2-2019/german-mccarthyism-ev/.
3. Omar Barghouti 2012, Boykott – Desinvestment – Sanktionen, S. 38.
4. Der »Aufruf der palästinensischen Zivilgesellschaft zu BDS« vom 09.07.2005 findet sich hier: http://bds-kampagne.de/aufruf/aufruf-der-palstinensischen-zivilgesellschaft/.
5. Peter Ullrich 2022, Über Antisemitismus sprechen, S. 200.
6. Die IHRA-Arbeitsdefinition zu Antisemitismus findet sich hier: https://www.holocaustremembrance.com/resources/working-definitions-charters/working-definition-antisemitism.
7. Die JDA-Definition findet sich hier: https://jerusalemdeclaration.org/wp-content/uploads/2021/03/JDA-deutsch-final.ok_.pdf.
8. Tagesspiegel, 18.11.2017, Anti-Israel-Kampagne, https://www.tagesspiegel.de/themen/reportage/anti-israel-kampagne-wie-bds-gegen-israel-hetzt/20573168.html.
9. Kirsten Dierolf 2019, Roger Waters, das Schwein und BDS.
10. Spiegel, 29.06.2022, Meint ihr das wirklich ernst? https://www.spiegel.de/kultur/eva-menasse-ueber-documenta-skandal-und-antisemitismus-in-deutschland-meint-ihr-das-wirklich-ernst-a-47d0f1df-ad60-4dc4-a601-c1c66f6535cf.
11. Florian Weis et al. 2021, Die Kampagne »Boykott, Desinvestitionen und Sanktionen«, S. 10.
12. Marx21, 11.05.2022, Perspektiven der palästinensischen Solidarität, https://www.marx21.de/perspektiven-der-palaestinasolidaritaet-in-deutschland/?fbclid=IwAR1RJ9eta_K7S1ZRKuhTWxuuTDIYiikxMpiKVVZYEra6T3cF5vgIn5XBDLQ.
13. Jüdische Stimme, 17.12.2020, Ein Interview mit Ramsis Kilani, https://www.juedische-stimme.de/2020/12/17/ramsi-kilani-in-einem-interview-mit-unserem-mitglied/.
14. Meron Mendel, Saba-Nur Cheema, Sina Arnold (2022): Frenemies. Antisemitismus, Rassismus und ihre Kritiker*innen. Berlin.
15. Bild, 13.09.2021, Islamismus-Skandal beim WDR, https://www.bild.de/politik/inland/politik-inland/moderatorin-sprach-von-meinem-dschihad-islamismus-skandal-beim-wdr-77657496.bild.html.
16. AfD, 15.09.2021, WDR darf mit islamistischer Terror-Sympathisantin nicht zusammenarbeiten, https://www.afd.de/beatrix-von-

storch-wdr-darf-mit-islamistischer-terror-sympathisantin-nicht-zusammenarbeiten/.

17. Welt, 19.09.2021, Der Fall Nemi El-Hassan, https://www.welt.de/politik/deutschland/plus233870840/Eklat-um-WDR-Moderatorin-Der-Fall-Nemi-El-Hassan.html.

18. Bild, 22.09.2021, Neue Vorwürfe gegen WDR-Moderatorin, https://www.bild.de/politik/inland/politik/likes-fuer-antisemitismus-neue-vorwuerfe-gegen-tv-moderatorin-77744690.bild.html.

19. Deutscher Bundestag Drucksache 19/10191, 19. Wahlperiode 15.05.2019, Antrag der Fraktionen CDU/CSU, SPD, FDP und BÜNDNIS 90/DIE GRÜNEN, Der BDS-Bewegung entschlossen entgegentreten – Antisemitismus bekämpfen, https://dserver.bundestag.de/btd/19/101/1910191.pdf.

20. Deutscher Bundestag Drucksache 19/444, 19. Wahlperiode 17.01.2018, Antrag der Fraktionen CDU/CSU, SPD, FDP und BÜNDNIS 90/DIE GRÜNEN, Antisemitismus entschlossen bekämpfen, https://dserver.bundestag.de/btd/19/004/1900444.pdf.

21. Deutscher Bundestag Drucksache 19/9757, 19. Wahlperiode 29.04.2019, Antrag der Fraktion der AfD BDS-Bewegung verurteilen – Existenz des Staates Israel schützen, https://dserver.bundestag.de/btd/19/097/1909757.pdf.

22. Wissenschaftliche Dienste des Deutschen Bundestags, 2022, BDS-Beschluss des Deutschen Bundestages (Drucksache 19/10191), https://www.bundestag.de/resource/blob/814894/cf6a69d010a1cc9b4a18e5f859a9bd42/WD-3-288-20-pdf-data.pdf.

23. The Jerusalem Post, 04.04.2019, Wiesenthal Center urges removal of Anne Frank's name from NGO due to antisemitism, https://www.jpost.com/Diaspora/Wiesenthal-Center-urges-removal-of-Anne-Franks-name-from-NGO-due-to-antisemitism-585589.

24. Honestly Concerned, 19.03.2019, Das Gegenteil von gut, Antisemitismus in der Linken, https://honestlyconcerned.info/links/das-gegenteil-von-gut-antisemitismus-in-der-linken-bs-anne-frank.

25. taz, 17.03.2017, Antisemitisch oder kritisch? https://taz.de/Pro-und-Contra-Israel-Boykott/!5389548/.

26. taz, 05.12.2018, Schwere Vorwürfe aus Israel, https://taz.de/Schreiben-liegt-der-taz-exklusiv-vor/!5553564/.

27. Museum professionals in support of Professor Peter Schäfer and the Jewish Museum Berlin, https://docs.google.com/forms/d/e/1FAIpQLSeo-MHZNrxRDwKKTpAo_SejUJ_oGv6OT2gigMeyKRFl7abYHg/viewform?fbclid=IwAR2BoErAzantINScUHDrEBOqVEQdbKJEM5VYaqrWpGXrQCc16wfNMudk3YQ.

28. Sean Jacobs & Jon Soske 2015, Apartheid Israel, S. VII–VIII.

29. Achille Mbembe 2017. Politik der Feindschaft, S. 89.

30. Deutschlandfunk, 27.05.2020, Darum geht es beim Streit um Achille Mbembe, https://www.deutschlandfunk.de/debatte-darum-geht-es-beim-streit-um-achille-mbembe-100.html.

31. Die Zeit, 17.08.2022, Olaf Scholz verurteilt Äußerungen von Mahmud Abbas erneut, https://www.zeit.de/politik/ausland/2022-08/felix-klein-antisemitismusbeauftragter-mahmud-abbas-holocaust relativierung-olaf-scholz.

32. »We let the organisers know this morning that we would have no option but to withdraw from the conference if a satisfactory agreement was not found between the Boycott, Divestment and Sanctions (BDS) movement and the Organising Committee«, zitiert nach: https://wiser.wits.ac.za/content/statement-sarah-nuttall-and-achille-mbembe-%E2%80%9Crecognition-reparation-reconciliation%E2%80%9D.

33. taz, 15.05.2020, Brief an die Deutschen, https://taz.de/Leben-in-den-Mythen-anderer/!5681758/.

34. Spiegel, 15.08.2020, Wichtige Debatte, falscher Anlass, https://www.spiegel.de/kultur/antisemitismus-vorwuerfe-gegen-achille-mbembe-wichtige-debatte-falscher-anlass-a-cbf9b44c-b510-40a2-a82d-5340eaad08de.

35. Das Plädoyer der Initiative findet sich hier: https://www.gg53weltoffenheit.org/plaedoyer/.

36. Gayatri Chakravorty Spivak 2014, Wer hört die Subalterne?, S. 10.

37. taz, 24.04.2020, Uns gibt es immer noch, https://taz.de/25-Jahre-Le-Monde-diplomatique/!5677683/, sowie Amritjit Singh & Bruce G. Johnson 2004, Interviews with Edward W. Said, S. 160 ff.

38. Natan Sznaider 2022, Fluchtpunkte der Erinnerung, S. 176.

39. Vgl. ebd., S. 172.

40. Jüdische Allgemeine, 22.06.2022, documenta der Schande, https://www.juedische-allgemeine.de/kultur/documenta-der-schande/.

41. Spiegel, 22.06.2022, Willkommen auf der Antisemita15, https://www.spiegel.de/netzwelt/netzpolitik/sascha-lobo-ueber-den-documenta-skandal-willkommen-bei-der-antisemita-a-424a0c6f-ec04-4158-92be-9ab8f03f17ad.

42. FAZ, 21.06.2022, Die Judensau von Kassel, https://www.faz.net/aktuell/feuilleton/debatten/documenta-antisemitismus-und-rechthaberei-bis-zum-schluss-18118361.html.

43. Am 06.01.2022 veröffentlichte der Blog »Bündnis gegen Antisemitismus Kassel« die ersten Vorwürfe: https://bgakasselblog.wordpress.com/2022/06/06/kein-platz-fur-antisemitismus-auf-der-documenta/ Drei Tage später wurden die Vorwürfe im überregionalen Blog »Ruhrbarone« wiederholt: https://www.ruhrbarone.de/documenta-15-in-der-reisscheune-mehr-antisemitismus-wagen/204821/.

44. Presseerklärung des Gremiums zur fachwissenschaftlichen Begleitung der documenta fifteen, https://drive.google.com/file/d/1Af9
kbnINaSLww30EP4mbKRhfkkC4JQfG/view.
45. FAZ, 14.09.2022, Ruangrupa nennt Auschwitz-Komitee und Roth
rassistisch, https://www.faz.net/aktuell/feuilleton/kunst-und-archi
tektur/documenta/documenta-streit-eskaliert-ruangrupa-nennt-
auschwitz-komitee-rassistisch-18316347.html.
46. Spiegel, 29.06.2022, Meint ihr das wirklich ernst? https://www.
spiegel.de/kultur/eva-menasse-ueber-documenta-skandal-und-
antisemitismus-in-deutschland-meint-ihr-das-wirklich-ernst-a-
47d0f1df-ad60-4dc4-a601-c1c66f6535cf.
47. Berliner Zeitung, 09.05.2022, Antisemitismus-Vorwurf gegen
Documenta: Wie ein Gerücht zum Skandal wurde, https://www.
berliner-zeitung.de/kultur-vergnuegen/debatte/antisemitismus-
vorwurf-gegen-documenta-wie-ein-geruecht-zum-skandal-
wurde-li.226887.
48. SZ, 13.08.2022, »Natürlich ist es riskant, uns als künstlerische Leitung zu engagieren«, https://www.sueddeutsche.de/kultur/kunst-
documenta-kassel-ruangrupa-antisemitismus-1.5638538.
49. »We are angry, we are sad, we are tired, we are united: Letter
from lumbung community«, 10.09.2022, https://www.e-flux.com/
notes/489580/we-are-angry-we-are-sad-we-are-tired-we-are-uni-
ted-letter-from-lumbung-community.
50. SZ, 22.06.2022, Kreuz des Südens, https://www.sueddeutsche.de/
kultur/kassel-documenta-antisemitismus-1.5607300.
51. FAZ, 15.07.2022, Wie antisemitisch ist der Kunstbetrieb? https://
www.faz.net/aktuell/feuilleton/kunst-und-architektur/wie-antise-
mitisch-ist-der-kunstbetrieb-18175708.html?premium.
52. Die Zeit, 21.07.2022, Die Gesellschaft hat geantwortet, https://www.
zeit.de/2022/30/antisemitismus-documenta-linke-postkolonialis-
mus-bds-israel.
53. SZ, 18.01.2022, Kunst und Weltanschauung, https://www.su-
eddeutsche.de/kultur/documenta-15-antisemitismus-ruang-
rupa-1.5509523.
54. Berliner Zeitung, 29.07.2022, Nach neuen Vorwürfen: Warum diese
Bilder nicht antisemitisch sind, https://www.berliner-zeitung.de/
kultur-vergnuegen/nach-neuen-vorwuerfen-warum-diese-bilder-
nicht-antisemitisch-sind-li.251455.
55. Deutschlandfunk Kultur, 30.06.2022, Warum ein Boykott israelischer Künstler sein Ziel verfehlt, https://www.deutschlandfunkkul-
tur.de/boykott-kuenstler-israel-documenta-galit-eilat-100.html.
56. Das Schreiben vom Bündnis gegen Antisemitismus Kassel findet
sich hier: https://bgakasselblog.files.wordpress.com/2022/01/das-

buendnis-gegen-antisemitismus-kassel-verurteilt-die-beteiligung-antiisraelischer-aktivisten-an-der-documenta-fifteen-1.pdf.

57. Welt, 12.07.2022, Antisemitismus-Skandal auf der Documenta nimmt neue Ausmaße an, https://www.welt.de/politik/deutsch land/plus239875613/Documenta-Antisemitismus-Skandal-nimmt-neue-Ausmasse-an.html.

58. FAZ, 01.07.2022, Aus der Kunstmesse ist eine antisemitische Propagandashow geworden, https://www.faz.net/aktuell/rhein-main/frankfurt/documenta-eine-antisemitische-propagandashow-18141289.html?premium.

59. Die Stellungnahme der Documenta vom 04.05.2022 findet sich hier: https://documenta-fifteen.de/news/gespraechsreihe-we-need-to-talk-art-freedom-solidarity-ausgesetzt/.

60. Die Zeit, 04.05.2022, Documenta sagt Veranstaltungsreihe nach Antisemitismus-Vorwürfen ab, https://www.zeit.de/kultur/2022-05/d ocumenta-antisemistmus-vorwurf-absage.

61. Max Horkheimer & Theodor W. Adorno 1987, Dialektik der Aufklärung, S. 219.

Aus der Geschichte verlernt

1. Peter Ullrich 2013, Deutsche, Linke und der Nahostkonflikt, S. 29.

2. Gemeint ist damit die – zumeist außerparlamentarische – Linke, die seit Ende der 60er in Abgrenzung zu bestehenden linken politischen Parteien wie der SPD und zu den sozialistischen Staaten Osteuropas emanzipatorische Politik verfolgte.

3. Martin W. Kloke 1994, Israel und die deutsche Linke.

4. Ebd., S. 109.

5. Ebd., S. 144 ff.

6. Ulrike Meinhof 1967, Drei Freunde Israels, S. 100.

7. Klaus Holz & Thomas Haury 2021, Antisemitismus gegen Israel, S. 147.

8. Joschka Fischer, Israel – ein Alptraum der deutschen Linken, in: Pflasterstrand, Sondernummer »Palästina – ein Alptraum der deutschen Linken«, 9/1982, S. 47–50.

9. Holz & Haury 2021, S. 160.

10. BPB, 05.01.2015, »Antiimperialistische« und »antideutsche« Strömungen im deutschen Linksextremismus, https://www.bpb.de/themen/linksextremismus/dossier-linksextremismus/33626/anti imperialistische-und-antideutsche-stroemungen-im-deutschen-linksextremismus/.

11. Ullrich 2013, S. 23.

12. Übrigens anders als in Israel: Ich ging damals in die neunte

Klasse, meine Eltern schimpften auf die Deutschen, und mein Großvater fühlte sich in seinem Lebensmotto bestätigt: »Du sollst alle lieben, nur nicht die Deutschen.« Der Knesset-Vorsitzende Dan Tichon sagte gegenüber der damaligen Bundestagspräsidentin Rita Süssmuth, die im Februar 1991 Jerusalem besuchte: »Heute werden wir (wie im Holocaust) wieder mit Giftgas bedroht. Es lässt sich kaum beschreiben, wie es unseren Eltern geht, die die Konzentrationslager überlebt haben, wenn sie die Sirenen hören.« Die hebräische Quelle ist hier nachzulesen: http://fs.knesset.gov.il/12/Plenum/12_ptm_236769.DOC.

13. konkret 5/2002, S. 3.
14. Zum Beispiel: Bahamas, ohne Datum, Warum uns ein Welt-Redakteur auf einer antideutschen Konferenz willkommen ist, https://redaktion-bahamas.org/aktuell/STEIN.html.
15. Die Zeit, 30.10.1981, Ein Volk, ein Reich, ein Frieden. Über die Friedensbewegung und das neue, alte Heimatgefühl, https://www.zeit.de/1981/45/ein-volk-ein-reich-ein-frieden.
16. Rajko Eichkamp: Aufstand der Bruderhorde. Bahamas 72/2015, https://redaktion-bahamas.org/hefte/72/Aufstand-der-Bruderhorde.html.
17. TTP, 28.01.2019, Nazis sind out, https://thunderinparadise.org/2019/01/28/nazis-sind-out/.
18. Ebd.
19. Ebd.
20. BPB, 05.01.2015, »Antiimperialistische« und »antideutsche« Strömungen im deutschen Linksextremismus, https://www.bpb.de/themen/linksextremismus/dossier-linksextremismus/33626/antiimperialistische-und-antideutsche-stroemungen-im-deutschen-linksextremismus/.
21. Annette Vowinckel 2004, Der kurze Weg nach Entebbe oder die Verlängerung der deutschen Geschichte in den Nahen Osten.
22. WAZ, 16.09.2017, Die MLPD und ihre Terror-Freunde, https://www.wz.de/specials/politik/bundestagswahl/die-mlpd-und-ihre-terror-freunde_aid-26544039.
23. Tatsächlich wurde die Aktion zwar als humanitäre Maßnahme dargestellt, insgesamt war sie aber eine reine PR-Aktion. So waren auf den Schiffen zwar Hilfsgüter für Gaza, aber Israel hatte zuvor angeboten, die Ladung in Aschdod löschen zu lassen und selbst nach Gaza zu bringen, was die Aktivisten jedoch abgelehnt hatten – Zusammenarbeit mit Israel kam für sie nicht infrage, auch nicht im Interesse der Bevölkerung des Gazastreifens.
24. taz, 01.07.2010, Die zweifelhaften Passagiere, https://taz.de/!5139882/.

25. Spiegel Nr. 6, 04.02.1991, S. 26–28, zitiert nach Kloke 1994, S. 315.
26. Spiegel Nr. 18, 29.04.1991, S. 267, zitiert nach Kloke 1994, S. 314.
27. Al-Thaura Nr. 4, 11-12/1971, S. 19, zitiert nach Kloke 1994, S. 171.
28. Welt, 24.07.2012, Jean-Luc Godard und sein hässlichster Moment, https://www.welt.de/debatte/kommentare/article108372179/Jean-Luc-Godard-und-sein-haesslichster-Moment.html.
29. Nahost-Zeitung vom 02.03.1979, S. 4, zitiert nach Kloke 1994, S. 152.
30. Zitiert nach Kloke 1994, S. 152 und S. 224 f.
31. Kloke 1994, S. 229.
32. taz, 22.01.2009, Antisemitismus von Links, https://taz.de/Debatte-Nahostkonflikt/!5169154/.
33. FAZ, 07.06.1967, S. 1; Die Zeit, 09.06.1967, S. 1; Spiegel, 12.06.1967, S. 1, zitiert nach Anette Vowinckel 2004, Der kurze Weg nach Entebbe oder die Verlängerung der deutschen Geschichte in den Nahen Osten.
34. Spiegel, 19.11.2009, Regisseur Lanzmann »schockiert« über Krawalle bei Israel-Film, https://www.spiegel.de/kultur/gesellschaft/antisemitismus-in-hamburg-regisseur-lanzmann-schockiert-ueber-krawalle-bei-israel-film-a-661980.html.
35. NRhZ-Online, 12.03.2008, Iran und die ›seriösen‹ Medien, http://www.nrhz.de/flyer/beitrag.php?id=12179.
36. uepo.de, 30.10.2008, Übersetzungsfehler in der Weltpolitik: Ahmadinedschads »Israel muss von der Landkarte ausradiert werden«, https://uepo.de/2008/10/30/uebersetzungsfehler-in-der-weltpolitik-ahmadinedschads-israel-muss-von-der-landkarte-ausradiert-werden/.
37. Ahmadinedschads Rede in der Übersetzung von Eckart Schiewek, Sprachendienst des Deutschen Bundestages, zur strittigen Passage siehe Fußnote 3: https://www.bpb.de/themen/antisemitismus/dossier-antisemitismus/37989/die-umstrittene-rede-ahmadinedschads/?p=all.
38. Jüdische Allgemeine, 08.05.2012, Tee beim Diktator, https://www.juedische-allgemeine.de/politik/tee-beim-diktator/.
39. https://www.hna.de/kultur/documenta/umstrittene-kritiker-91253810.html
40. Bündnis gegen Antisemitismus Kassel, ohne Datum, ›Du, ich habe letztens einen Essay geschrieben, gegen die Hamas.‹ – ›So? Wie schön! Wir bevorzugen die Air Force.‹, https://bgakasselblog.wordpress.com/2018/11/13/2569/#respond.
41. Meron Mendel & Astrid Messerschmidt 2017, Fragiler Konsens, S. 11.
42. Facebook-Eintrag von Jonas Dörge vom 14.01.2022: https://www.facebook.com/jonas.dorge/posts/4640355986042691.

43. Holz & Haury 2021, S. 250.
44. Shulamit Volkov 2000, Antisemitismus als kultureller Code.
45. Sina Arnold bezeichnete das in Bezug auf den linken Antizionismus in den USA als »subkulturellen Code«. Vgl. Sina Arnold 2016, Das unsichtbare Vorurteil, S. 442 ff.
46. Statement von Palästina spricht Freiburg: https://www.palaestinaspricht.de/news/dwp-panel-statement.
47. taz, 14.06.2021, Verhärtete Kommunikation, https://taz.de/Kritikam-Festival-Dear-White-People/!5778646/.
48. zlev.de, 07.10.2021, Information zur Finanzierung des »Dear White People ...« – Festivals 2021, https://zlev.de/kunst-kultur/dear-whitepeople-let-s-break-the-silence/statements.
49. Weitere Überlegungen zu dieser Frontstellung finden sich in Meron Mendel et al. 2022, Frenemies.
50. »Definitionsmacht« meint, dass es allein an der von einer Diskriminierung betroffenen Person ist, zu definieren, ob etwas als Diskriminierung zu verstehen ist.
51. Holz & Haury 2021, S. 229 ff., 235.
52. David Baddiel 2021, Und die Juden?
53. Tagesspiegel, 03.03.2022, US-Sender suspendiert Moderatorin vorübergehend, https://www.tagesspiegel.de/gesellschaft/medien/whoopi-goldberg-sorgt-mit-ausserungen-zum-holocaust-furirritationen-4307491.html.
54. Der Text »Are Jews White?« von Gideon Querido van Frank ist auf der Homepage vom Joods Cultural Kwartier zu finden: https://jck.nl/en/node/4672.
55. Baddiel 2021, S. 13.
56. Ebd., S. 92.
57. Die Homepage von Transgenialer CSD Berlin ist hier zu finden: https://transgenialercsd.wordpress.com/.
58. »Pinkwashing« ist das Vorschieben LGBTIQ-freundlicher Positionen, um von anderen Missständen abzulenken. Der Begriff wird meist für Firmen verwendet, in diesem Fall für das Land Israel, das seine Unterdrückung von Palästinensern angeblich mit LGBTIQ-Freundlichkeit kaschiert. Der Pinkwashing-Vorwurf wurde übrigens auch vom alternativen CSD gegenüber dem »großen« CSD erhoben, weil sich dort Großkonzerne engagierten – dies mit ein Grund, warum der entsprechende Vorwurf gegen Israel hier auf offene Ohren traf.
59. taz, 25.07.2021, Das Pride-Finale, https://taz.de/Grosses-CSD-Wochenende-in-Berlin/!5785587/.
60. Belltower News, 26.07.2021, Auch Antisemit:innen feiern Pride, https://www.belltower.news/bds-csd-auch-antisemitinnen-feiernpride-119127/.

61. Paradoxerweise ist es die Internationalisierung der deutschen Gesellschaft, die ein neues Einfallstor für linken Antisemitismus bietet. Linke Israelis sind wichtige Akteure in der antizionistischen Queer-Szene geworden, gerade in Berlin. Sie übertragen ihre Kämpfe in der israelischen Gesellschaft unverändert in den deutschen Kontext, ohne dessen Besonderheit zu reflektieren. Dabei berücksichtigen sie die Tatsache nicht, dass es hier, anders als in Israel, weitverbreiteten Antisemitismus gibt.

62. Welt, 16.08.2021, Wie kann eine Berliner Queer-Party gegen Israel sein? https://www.welt.de/debatte/kommentare/article233169879/Antisemitismus-Wie-kann-eine-Berliner-Queer-Party-gegen-Israel-sein.html.

63. Der Club hat sich in einem Statement im Oktober 2021 ausführlich mit diesem Vorfall beschäftigt und reflektiert das Gesamtproblem eindrucksvoll, http://aboutblank.li/statement/.

64. Der Freitag 20/2021, Influencer in die politische Bildung, https://www.freitag.de/autoren/der-freitag/mehr-als-alle-lippenbekenntnisse.

65. Welt, 15.10.2021, Wie das ZDF jetzt im Fall Yasmin Ayhan argumentiert, https://www.welt.de/kultur/medien/plus234420486/Antisemitismus-Vorwurf-Wie-das-ZDF-jetzt-im-Fall-Yasmin-Ayhan-argumentiert.html. Yasmin Ayhan hat sich an anderer Stelle wiederholt gegen Antisemitismus geäußert, siehe RND, 14.10.2021, Antisemitismusvorwürfe gegen Comedyautorin Yasmin Ayhan: Das ZDF erklärt sich, https://www.rnd.de/medien/yasmin-ayhan-zdf-aeussert-sich-zu-antisemitismusvorwuerfen-gegen-comedy-autorin-2YBE3ASYMNFT7OFF5DFI7ZN4QE.html.

66. Screenshot auf dem Twitter-Profil von Shahak Shapira, 13.10.2021, https://twitter.com/ShahakShapira/status/1448052312514170884.

67. Tweet der linksjugend solid Berlin vom 20.01.2022, https://twitter.com/solidBerlin/status/1484174672530788355.

68. Tweet von Meron Mendel vom 14.11.2018, https://twitter.com/meron mendel/status/1062644368752951296.

69. Ullrich 2013, S. 21.

70. Ebd., S. 300.

Vergleichbar einzigartig

1. FAZ, 28.07.2021, Koscher oder halal? https://www.faz.net/aktuell/feuilleton/debatten/neue-kolumne-von-meron-mendel-und-saba-nur-cheema-17456896.html?premium.

2. 06.07.2020 Srugim, https://www.srugim.co.il/466422-דצמ-טנב-תליג-תילכלכ-האוש-רובענש-והינתנ »Netanjahu nimmt wirtschaftlichen Holocaust in Kauf« (hebräisch).

3. Haaretz 03.01.2012, https://www.haaretz.co.il/opinions/2012-01-30/
ty-article-opinion/0000017f-db66-d3ff-a7ff-fbe6d9120000?utm_
source=App_Share&utm_medium=iOS_Native Merav Michaeli,
»Die Holocaustreligion« (hebräisch).

4. Geschichte der Gegenwart, 23.05.2021, Der Katechismus der Deutschen, https://geschichtedergegenwart.ch/der-katechismus-der-
deutschen/.

5. Vgl. Klaus Große Kracht 2011, Die zankende Zunft.

6. Wer den Begriff »Historikerstreit« zuerst verwendet hat, lässt
sich nicht mehr herausfinden. Bereits der 1987 von Ernst Reinhard Piper herausgegebene Sammelband, der die Beiträge enthält,
hieß »›Historikerstreit‹. Die Dokumentation der Kontroverse um
die Einzigartigkeit der nationalsozialistischen Judenvernichtung«.

7. Tatsächlich stehen Habermas' Überlegungen zum Verfassungspatriotismus in unmittelbarem Zusammenhang mit dem Historikerstreit. Habermas beendet den Aufsatz, in dem er sich mit Nolte
auseinandersetzt, wie folgt: »Der einzige Patriotismus, der uns
dem Westen nicht entfremdet, ist ein Verfassungspatriotismus.
Eine in Überzeugungen verankerte Bindung an universalistische
Verfassungsprinzipien hat sich leider in der Kulturnation der Deutschen erst nach – und durch – Auschwitz bilden können. Wer uns
mit einer Floskel wie ›Schuldbesessenheit‹ (Stürmer und Oppen-
heimer) die Schamröte über dieses Faktum austreiben will, wer die
Deutschen zu einer konventionellen Form ihrer nationalen Identität zurückrufen will, zerstört die einzige verläßliche Basis unserer Bindung an den Westen.« Nachzulesen in: Die Zeit, 11.07.1986,
Eine Art Schadensabwicklung, https://www.zeit.de/1986/29/eine-
art-schadensabwicklung/komplettansicht.

8. »Denn das Problem, das ich benenne, ist nicht die Geschichts-
schreibung des Holocausts oder die Gedenkkultur an sich, sondern
deren staatliche Instrumentalisierung – eine Instrumentalisierung,
die medial mitgetragen wird, die zugunsten einer unkritischen Solidarität mit dem Staat Israel die politische Meinungsfreiheit ein-
schränkt und dabei immer wieder Antisemitismusvorwürfe ein-
setzt«, schreibt Moses in Die Zeit, 17.07.2021, Gedenkt endlich auch
der Opfer kolonialer Gräueltaten! https://www.zeit.de/2021/29/
holocaust-singularitaet-dirk-moses-koloniale-verbrechen-histori-
kerstreit/komplettansicht.

9. Die Zeit, 05.07.2021, A. Dirk Moses im Gespräch mit Volkhard
Knigge, https://www.zeit.de/2021/27/holocaust-gedenken-aufarbei
tung-koloniale-verbrechen-dirk-moses/komplettansicht.

10. Geschichte der Gegenwart, 23.05.2021, Der Katechismus der

Deutschen, https://geschichtedergegenwart.ch/der-katechismus-der-deutschen/.

11. Ebd.
12. Saul Friedländer et al. 2022, Ein Verbrechen ohne Namen, S. 43 f.
13. FAZ, 17.05.2021, Verbundenheit auf Abruf, https://www.faz.net/aktuell/feuilleton/debatten/deutschland-und-israel-verbundenheit-auf-abruf-17343933-p2.html.
14. Sezession, 25.05.2021, Postkoloniale Angriffe auf den ›Auschwitz-Mythos‹, https://sezession.de/64268/postkoloniale-angriffe-auf-den-auschwitz-mythos.
15. FAZ, 10.01.2022, Vergessen, verdrängen oder vergegenwärtigen?
16. Michael Rothberg 2009, Multidirectional Memory; deutsche Ausgabe: Michael Rothberg 2021, Multidirektionale Erinnerung.
17. Deutschlandfunk Kultur, 18.02.2022, Die Sackgasse der Opferkonkurrenz, https://www.deutschlandfunkkultur.de/michael-rothberg-multidirektionale-erinnerung-die-sackgasse-100.html.
18. Berliner Zeitung, 23.02.2022, Holocaust memory after the multidirectional turn, https://www.berliner-zeitung.de/open-source/gegen-opferkonkurrenz-es-gibt-auch-in-deutschland-kein-isoliertes-gedenken-li.141816.
19. Die Zeit, 04.04.2022, Enttabuisiert den Vergleich! https://www.zeit.de/2021/14/erinnerungskultur-gedenken-pluralisieren-holocaust-vergleich-globalisierung-geschichte?mode=recommendation&page=8.
20. Die Publikation und Informationen zur Sonderausstellung der Bildungsstätte Anne Frank sind online zu finden: https://www.bs-anne-frank.de/ausstellungen/sonderausstellungen/hingucker-kolonialismus-und-rassismus-ausstellen-1-2 bzw. https://www.bs-anne-frank.de/fileadmin/content/Publikationen/Themenhefte/Deutscher_Kolonialismus.pdf.
21. Bildungsstätte Anne Frank, 2015, Deutscher Kolonialismus – ein vergessenes Erbe? https://www.bs-anne-frank.de/fileadmin/content/Publikationen/Themenhefte/Deutscher_Kolonialismus.pdf.
22. Michael Rothberg 2021, Multidirektionale Erinnerung, S. 354.
23. Es gibt unzählige methodologische Reflexionen des Vergleichs und Vergleichens. Seit einigen Jahren befasst sich in Bielefeld ein Sonderforschungsbereich der Deutschen Forschungsgemeinschaft mit »Praktiken des Vergleichens«: https://www.uni-bielefeld.de/sfb/sfb1288/.
24. Die Zeit, 10.07.2021, Ein fundamentales Verbrechen, https://www.zeit.de/2021/28/holocaust-gedenken-erinnerungskultur-genozid-kolonialverbrechen.

25. Die hebräische Homepage von Yad Vashem findet sich hier: https://www.yadvashem.org/he/holocaust/faqs.html.
26. Belltower News, 31.03.2022, »Der Holocaust ist präzedenzlos«, https://www.belltower.news/historikerstreit-2-0-der-holocaust-ist-praezedenzlos-129787. Zur Argumentation Yehuda Bauers siehe exemplarisch das Interview mit ihm in: David Bankier 2006, Fragen zum Holocaust, S. 56–92.
27. Philosophie Magazin, 09.09.2022, Jürgen Habermas: Der neue Historikerstreit.
28. Das Zitat stammt aus einem Podiumsgespräch zur Vorstellung des Sammelbands »Ein Verbrechen ohne Namen« (C. H. Beck, München 2022) mit den Autoren Sibylle Steinbacher, Norbert Frei und Dan Diner am 13.04.2022 in der Deutschen Nationalbibliothek in Frankfurt (Main), nachzusehen auf: https://www.youtube.com/watch?v=soCDczEX20U.
29. Saul Friedländer in ders. et al. 2022, Ein Verbrechen ohne Namen, S. 25 und S. 30 f.
30. Andreas Zicket et al. 2019, Verlorene Mitte – Feindselige Zustände, S. 70 ff.
31. Vgl. Natan Sznaider 2022, Fluchtpunkte der Erinnerung, S. 171.
32. Martin Shaw & Omer Bartov 2010, The question of genocide in Palestine, S. 248–252.
33. Ebd., S. 258.
34. Wolfgang Benz 2019, Vorwort, S. 12.
35. Henning Niederhoff 2011, Trialog in Yad Vashem, S. 57.
36. BR, 19.07.2022, Siehe documenta fifteen – Warum haben wir den Antisemitismus immer noch nicht überwunden? https://www.br.de/mediathek/podcast/nachtstudio/siehe-documenta-fifteen-warum-haben-wir-den-antisemitismus-immer-noch-nicht-ueberwunden/1859058 (ab Minute 14:20).
37. Charlotte Wiedemann 2022, Den Schmerz der Anderen begreifen, S. 10.
38. Ebd., S. 92.
39. Amnesty International (Facebook), 04.02.2022, Investigating the Truth: Is Israel Commiting The Crime of Apartheid? https://m.facebook.com/watch/?v=466902768398382&_rdr.
40. FAZ, 08.07.2021, Das kognitive Entsetzen über den Holocaust, https://www.faz.net/aktuell/feuilleton/debatten/warum-der-vergleich-von-massenverbrechen-grenzen-hat-17426250.html?premium.

Nachwort

1. Omri Boehm 2020, Israel – eine Utopie, S. 15.
2. Ebd.
3. Jürgen Habermas: Tabuschranken. Eine semantische Anmerkung – für Marcel Reich-Ranicki aus gegebenen Anlässen, in: Süddeutsche Zeitung, 07.06.2002.
4. Ebd.
5. Chantal Mouffe 2015, Über das Politische, S. 100.

MIX
Papier | Fördert
gute Waldnutzung
FSC® C083411

3. Auflage 2023

© 2023, Verlag Kiepenheuer & Witsch, Köln
Alle Rechte vorbehalten
Covergestaltung: Marion Blomeyer / Lowlypaper
Gesetzt aus der Minion und der Futura
Satz: Buch-Werkstatt GmbH, Bad Aibling
Druck und Bindung: CPI books GmbH, Leck

ISBN 978-3-462-00351-2

Die Quandts, die Flicks, die von Fincks, die Porsche-Piëchs, die Oetkers und die Reimanns zählen zu den reichsten deutschen Unternehmerdynastien.

David de Jong erzählt, woher ihr Wohlstand kommt, auf welche Weise sie sich im Nationalsozialismus bereichert haben, wie die Alliierten darauf nach 1945 reagierten – und was das für ihre Imperien in der Nachkriegszeit bedeutete. Und er fragt, welche Verantwortung für ihre Geschichte die Familien heute übernehmen.

Leseproben und mehr unter www.kiwi-verlag.de

Kiepenheuer
&Witsch

Der Beginn der Demokratie in Deutschland – packend wie ein historischer Thriller

»Die Entstehung der Demokratie in Deutschland und Europa – diese aufregende Geschichte erzählt Jörg Bong mit größter Spannung und Sachkenntnis. ›Die Flamme der Freiheit‹ ist das richtige Buch zum großen Paulskirchen-Jubiläum, weil es uns daran erinnert, dass die Demokratie hart erkämpft wurde und täglich verteidigt werden muss.« *Ina Hartwig*

Mehr Informationen finden Sie unter:
www.kiwi-verlag.de/deutsche-revolution